Emmanuel Bove

Brigitta Coenen-Mennemeier

Emmanuel Bove

Comédie humaine des Scheiterns

PETER LANG
Frankfurt am Main · Berlin · Bern · Bruxelles · New York · Oxford · Wien

Bibliografische Information Der Deutschen Bibliothek
Die Deutsche Bibliothek verzeichnet diese Publikation in der
Deutschen Nationalbibliografie; detaillierte bibliografische
Daten sind im Internet über <http://dnb.ddb.de> abrufbar.

Gedruckt auf alterungsbeständigem,
säurefreiem Papier.

ISBN 3-631-55163-0

© Peter Lang GmbH
Europäischer Verlag der Wissenschaften
Frankfurt am Main 2006
Alle Rechte vorbehalten.

Das Werk einschließlich aller seiner Teile ist urheberrechtlich geschützt. Jede Verwertung außerhalb der engen Grenzen des Urheberrechtsgesetzes ist ohne Zustimmung des Verlages unzulässig und strafbar. Das gilt insbesondere für Vervielfältigungen, Übersetzungen, Mikroverfilmungen und die Einspeicherung und Verarbeitung in elektronischen Systemen.

Printed in Germany 1 2 3 4 5 7

www.peterlang.de

"Lorsque le découragement me prend, il m'apparaît que rien ne compte sur cette terre, que les plus beaux sentiments comme les plus laids s'engloutissent de la même manière."

Emmanuel Bove: *Journal écrit en hiver*

"Ah! qu'il serait doux de partir sans argent, sans but, vers notre perte, plutôt que de continuer à vivre dans la dégradation!"

Emmanuel Bove: *Mémoires d'un Homme singulier*

Inhaltsverzeichnis

Einleitung: Zwischen Kult und Vergessen: ein zeitlos Moderner — 9

Erstes Kapitel: Nur ein böser Traum? — 13

Zweites Kapitel: Figurenkonstellationen — 19
    Freunde, Kameraden — 19
    Vater und Tochter — 23
    Bruder und Schwester — 26
    Eheleute, Liebende — 30
    Stiefsohn und Stiefmutter — 36
    Resignationsverbund Familie — 39
    Eine Abendgesellschaft — 41
    Hilfesuchende und Helfer — 44
    Der Protagonist und sein Alter ego — 47

Drittes Kapitel: Mosaiksteine der Außenwelt — 51
    Räume — 51
    Straßen — 59
    Anatomie eines Ortes: Bécon-les-Bruyères — 64

Viertes Kapitel: Regionen der Innenwelt — 67
    Der Körper als Vermittlung von Außenwelt und Innenwelt — 67
    délicatesse — 72
    maladresse — 75
    Selbstüberschätzung — 78
    Einsamkeit — 82
    Sehnsucht — 85
    Verzweiflung — 88
    comédie — 91

Fünftes Kapitel: Textualisierungsverfahren — 99
    Erzählgattungen und Makrostrukturen — 99
    Stilmittel — 104

Schluß: Paradoxe Tröstungen _____ 113

Literaturhinweise _____ 117

Personenregister _____ 119

Einleitung: Zwischen Kult und Vergessen: ein zeitlos Moderner

Als der wunderbare Emmanuel Bove (eigentl. Bobovnikoff, 1898-1945) in den 70er Jahren des 20. Jahrhunderts wiederentdeckt wurde, entsprach die Renaissance dieses Vergessenen offensichtlich dem Lebensgefühl einer Lesergeneration, die sich zum einen von den heroischen moralischen Anforderungen des Nachkriegsexistentialismus abgewandt hatte und zum anderen der formalen Strapazen des Nouveau Roman überdrüssig war. Es bedurfte dennoch eines von außen kommenden Anstoßes für diese spektakuläre literarhistorische Auferstehung von den Toten. Inzwischen weiß man, daß sich die Neuauflage des Bove-Werkes in erster Linie der Empfehlung Samuel Becketts verdankt, der dem Autor einen besonderen Sinn für „le détail touchant" bescheinigt hatte.

In der Tat lassen sich in Boves Romanen und Erzählungen zahlreiche mikrostrukturelle Beobachtungen entdecken, die ebenso präzise wie anrührend sind. Aber es wäre natürlich abwegig, Becketts knappe – und folgenreiche – Feststellung für den Generalschlüssel zu einem Gesamtwerk zu halten, das seine Modernität und seine Zeitlosigkeit durch ein großes Spektrum von Vorzügen erweist und für dessen völlige Vernachlässigung nach dem Tode des Autors schlüssige Erklärungen nicht leicht gefunden werden können, auch wenn die von Bove-Kennern behauptete ungeschickte Verhandlungsführung der Witwe (die allerdings immerhin noch den verzögerten zweiten Triumph des zu Lebzeiten durchaus Anerkannten erleben durfte) ihren Anteil an dem langen und so ungerechten Schweigen der Nachwelt gehabt haben mag.

Der junge Emmanuel Bove erregte bereits mit seinem Frühwerk (*Mes Amis*, 1924) Aufsehen und schien Goncourt-verdächtig. Gefördert hatte ihn Colette, die seine erste Erzählung noch vor ihrer Veröffentlichung gelesen hatte und der er seinen zweiten Roman (*Armand*, 1926) widmet, bewundert wurde er von Rilke, der seine persönliche Bekanntschaft suchte. Bekannt für seine besondere persönliche Diskretion, die Zurückhaltung im literarischen Betrieb, hatte Bove dennoch durchaus Freunde unter seinen Schriftstellerkollegen, z.B. Pierre Bost, Edmond Jaloux, Marcel Aymé, Max Jacob, Philippe Soupault. Auch mit Malern pflegte er Umgang und war begeistert von den acht Lithographien, die René Ben Sussan zu einer Liebhaberedition von *Un Père et sa fille* beisteuerte. Kritiker (wie insbesondere Fernand Vandérem in *Le Figaro*) schrieben immer wieder lobende Rezensionen beim Erscheinen neuer Bove-Romane und Erzählungen. Zu den erbitterten Gegnern seines pessimistischen Realismus gehörten André Thérive und vor allem Alain Leaubraux, der später in den Kollaborationszeitschriften *La Gerbe* und *Je suis partout* auf höchst unrühmliche Weise Karriere machte. Den magistralen Anfängen Emmanuel Boves folgte eine Flut von Erzähltexten, in denen der Autor einen eigenen Ton zärtlicher Resignation und bisweilen grotesken Mitgefühls aufweist, zugleich aber seine Verwandtschaft mit großen Zeitgenossen, Vorläufern und Erben spüren läßt. Der Einfluß Dostojewskis ist überall unverkennbar und erinnert an die russische Herkunft des Vaters, der sich antisemitischer Verfolgung in seinem Heimatland durch die Emigration zunächst nach Deutschland, dann nach Paris entzog. Boves grandiose Psychologie legt aber auch immer wieder den Vergleich mit Proust nahe. Auch Bove möchte trotz des wechselnden Personenarsenals seine Einzelwerke ausdrücklich als Teile eines Zyklus verstanden wissen, wie aus seinen *Carnets* hervorgeht. Von Proust unterscheidet sich Bove nicht nur durch die Art seiner weniger per Analyse als vielmehr durch Verhaltensbeobachtung erstellten Psychologie, sondern auch durch das Fehlen eines expliziten philosophischen Gesamtkonzepts oder einer überwölbenden Kunsttheorie und schließlich durch den Zugriff auf andersartige soziale Strukturen, auf ein aus Versagern zusammengesetztes Universum. So hat man Bove der Charaktere ewig Zukurzgekommener wegen (nicht sonderlich glücklich) mit Jules Vallès und Jules Renard verglichen. Dem Universum des ästhetischen und gesellschaftlichen Raffinements der Proustschen *Recherche* steht eine Welt der Kargheit und Entbehrung genüber, die für Bove charakteristisch ist und *délicatesse*, Schlüsselwort seines Universums, radikaler als bei Proust ins Innere des Individuums verlagert, von Sozialisierungseinflüssen abkoppelt. Das bedeutet jedoch nicht, daß sich der Einzelne bei Bove etwa als souverän empfände. Vielmehr spürt er sich permanent im Blick und im – feindlichen – Sog des *autrui*. Dies ist so sehr der Fall, daß man hier, unsystematisch freilich und auch jetzt ohne theoretische Basis und Kohärenz, zentrale Erkenntnisse des Existentialismus vorweggenommen sieht („L'Enfer, c'est les autres"). Dabei reichen Entfremdungsstrukturen bis in die problematisch werdende Körperlichkeit hinein, ähnlich, und hier begreift man Rilkes Interesse an dem jungen Zeitgenossen, wie in *Die Aufzeichnungen des Malte Laurids Brigge* (1910). Zahlreiche psychologische Deduktionen kommen dabei im Bodenlosen an, entstellen sich in kafkaesker Groteske oder weisen irritierende Züge von Nathalie Sarrautes Tropismen auf: Bezüge, die auch in Begleittexten zu Boves Neuauflagen festgestellt werden, so von Alain Clerval in seinem Nachwort zu *Le Piège*.

Und schließlich darf nicht vergessen werden, daß Bove in seinen letzten Lebensjahren, zeitgleich mit den Ereignissen, bereits kritische Darstellungen der dunklen 40er Jahre verfaßt hat, die das Gemenge aus Résistance und Kollaboration, aus Heroismus und Verrat ähnlich präsentieren wie eine ganze Generation später etwa die Romane Modianos, mit deren Figurenkonzeption Boves Menschenbild ohnehin auffällige Gemeinsamkeiten aufweist. Doch gerade diese kritische Sicht auf die Zeit paßte zunächst nicht zur Euphorie nach der *Libération*, in der Frankreich es vorzog, sich lange als Nation im Widerstand zu stilisieren und die düsteren Aspekte der eigenen jüngsten Geschichte auszublenden.

Boves Wiederentdeckung in den 70er Jahren machte aus dem vergessenen Autor schnell eine Kultfigur. Peter Handke kommt das Verdienst zu, *Mes Amis*, *Armand* und *Bécon-les-Bruyères* übersetzt und Bove damit in Deutschland bekannt gemacht zu haben. Wim Wenders läßt von einer Filmfigur einen Bove-Band erkennbar in die Kamera halten. Den Übersetzungen ins Deutsche folgen bald Übertragungen ins Niederländische, Italienische, Griechische, Spanische und schließlich sogar ins Japanische. Als sich die ersten Neuauflagen als kommerzieller Erfolg erwiesen, witterten viele Verlage ihre Chance. Es kam daher nicht nur zu verdienten literarischen Überraschungen und Ereignissen, sondern auch zu mancher unüberlegter und vorschneller Publikation. Nicht alle Texte sind von demselben überzeugenden Niveau wie das Frühwerk und die späte Kriegs- und Okkupationstrilogie, und man hat dem Ansehen des Autors nicht unbedingt einen Dienst erwiesen, wenn man nun unterschiedslos alles, auch bislang vielleicht zurecht Unveröffentliches, Unfertiges oder aus permanenter finanzieller Not Geborenes, ans Tageslicht zerrt.

Andererseits gibt es bei Bove soviel wegweisend Modernes, daß der Leser, dem etwa die verrätselnden oder minimalistischen Strukturen des Nouveau Roman (und des Nouveau Nouveau Roman) vertraut sind, aus dem Staunen nicht herauskommt: Geheimnisvolle Verbrechensgeschichten bleiben auch bei Bove bereits (wie bei den Nouveaux Romanciers oder bei Patrick Modiano) unaufgelöst, von Zweifeln und offenen Fragen durchsetzt: für den Leser Anlaß zu nachhaltiger Irritation (*Un Homme qui savait*, entstanden 1942, erstmalig veröffentlicht 1985), und wie die Anfänge des Nouveau Roman und noch radikaler als diese kann der große Psychologe Emmanuel Bove auch fast ganz auf Seelisches verzichten und bereits weitgehend objektal schauen und beschreiben (*Bécon-les-Bruyères*, 1927-28, von Handke ganz besonders geschätzt). Was ihn aber so einzigartig macht, ist nicht nur diese von akribischer psychologischer Auslotung (die ja auch im Nouveau Roman nicht fehlt, wenn man beispielsweise, wie üblich, Nathalie Sarraute als eine der Zentralfiguren dieser Strömung benennt) bis zu minutiöser *école du regard* vor der Zeit reichende Spannweite seines Könnens, sondern seine in den meisten Erzähltexten mitspielende spezifische Mischung aus Mitleid und Komik, aus zärtlicher Sympathie und kritischer Demaskierung.

In seinen persönlichen Aufzeichnungen bezeichnet Bove es als seltsam, daß er niemals einen Menschen getroffen habe, mit dem er wirklich das unendliche Maß seiner eigenen Bitterkeit habe teilen können. Der Leser, der den Schriftsteller Bove liebt, fühlt sich, wenn er dies liest, dem Menschen Bove (gleichsam in

Wahlverwandschaft) besonders nahe. Doch sogleich schränkt der Verfasser der Tagebuchnotizen in seiner Bescheidenheit und *délicatesse* die ergreifende Wucht der Klage ein durch die Überlegung, daß es auch anderen wohl ähnlich ergehe, daß auch sie ebensowenig wie er selbst auf Mitmenschen gestoßen seien, die ihr Leiden wirklich verstanden, mit denen sie sich hätten austauschen können. In seinem Werk verwandelt Bove diesen subjektiven Schmerz in eine diskrete ontologische Gesamtschau, die sich als nachhaltiger Trost für die Ungetrösteten erweist, sofern es ihnen in ihrer Eigenschaft als Leser gelingt, sich mit seiner Welt zu solidarisieren.

Erstes Kapitel: Nur ein böser Traum?

Es wäre für den Interpreten ebenso unmöglich wie für den Leser verdrießlich, wenn Boves Arbeiten Stück für Stück und womöglich noch in chronologischer Reihenfolge behandelt würden. Dennoch stellen wir an den Anfang eine kleine Textanalyse, gleichsam als exemplarisch gemeinten Einstieg in das Universum des Autors.

Die 1923 entstandene Erzählung *Le Crime d'une Nuit* gehört zu der 1928 veröffentlichten, sieben Texte umfassenden Novellensammlung *Henri Duchemin et ses ombres*, die 1983 in unveränderter Form wieder aufgelegt wurde. Es handelt sich bei dieser Erzählung um das erste Stück Literatur, das der Autor überhaupt verfaßt hat (sieht man ab von nicht erhaltenen, unter dem Pseudonym Jean Vallois veröffentlichten Trivialromanen, von denen sich der Schriftsteller später energisch distanzierte, weil sie nichts zu tun hatten mit seinem Wesen und dem, was er als seinen Beitrag zur eigentlichen Literatur betrachtete). Bove hatte diese Erzählung unter dem Titel *La Nuit de Noël* an die Zeitschrift *Matin* geschickt, für deren Erzählungsreihe Colette zuständig war. Der Überlänge des Textes wegen konnte Colette die Publikation im Rahmen einer Zeitschrift nicht ermöglichen. Sie war jedoch von der Qualität der Erzählung so beeindruckt, daß sie Bove zur Mitarbeit an einer von ihr betreuten Buchreihe einlud. Ermuntert durch diesen Zuspruch, verfaßte Bove *Mes Amis*, jenes frühe Meisterwerk, das ihn bekanntlich mit einem Schlage berühmt machte. Obwohl sich das Geschehen in *Le Crime d'une Nuit* am Ende als Traum zu erkennen gibt und insofern den weitgehend realistischen Status des übrigen Boveschen Erzählwerkes konterkariert, lassen sich an diesem frühen Text doch bereits eine Reihe typischer Merkmale der großen Romane und der übrigen Erzählungssammlungen des Autors nachweisen.

Der Protagonist, Henri Duchemin, lebt wie die meisten zentralen Bove-Figuren an der Armutsgrenze. Das Schäbige seiner Existenz kommt ihm und dem Leser deswegen besonders schmerzlich zum Bewußtsein, weil die Handlung am Vorabend von Weihnachten situiert ist, zu einem Zeitpunkt also, zu dem Menschen sich eigentlich unbeschwert ihres Lebens und ihres Miteinanders freuen sollten. Henri Duchemin aber ist allein und leidet an seiner Einsamkeit. Aus der Tristesse seines Zimmers flieht er in schäbige Restaurants und Cafés. Dort überkommt ihn – wie so manchen der Boveschen Einzelgänger wider Willen – der unwiderstehliche Drang, sich anderen mitzuteilen, ihnen seine Lebensgeschichte offenzulegen, um so in unrealistischem Tempo einen Kontakt herzustellen, auf

den die anderen keinen Wert zu legen pflegen. Emmanuel Bove ist russisch (-jüdischer) Herkunft: kein Zufall, daß die Tradition des Dostojewski-Helden mit seinem selbstzerstörerischen Bekenntnisfieber ihm gleichsam im Blut liegt. Bove variiert diese Tradition, indem er sie ins beiläufig Absurde, Lächerliche überführt. Duchemin will im Café einen beliebigen, ihm bis dahin völlig unbekannten Gast, in diesem Falle eine, wie ihm scheint, ebenfalls einsame Frau, an der traurigen Geschichte seiner Existenz teilnehmen lassen:
"Je désirerais tant m'épancher... A vos yeux, je suis un étranger... Patientez... Je vous raconterai ma vie... Elle est bien triste..." (10)
Aber die Adressatin denkt nicht daran, sich als Figur zwischenmenschlicher Fürsorglichkeit manipulieren zu lassen. Mit ebenso unerbittlicher wie sozial unüblicher und damit komischer Härte verweist sie den Sprecher auf das Lächerliche seines Ansinnens und stößt ihn zurück in eine Realität, mit deren Unerträglichkeit man nicht anderen zur Last fallen muß, insofern man sich immer noch selbst vom Leben zum Tode befördern kann:
"Si vous êtes malheureux, vous n'avez qu'à vous tuer." (10)
Das Thema des Spiels, des Flirts mit dem Selbstmord, aber auch der echten Suizidgefährdung (und beides ist bekanntlich nicht leicht auseinanderzuhalten), kehrt bei Bove verschiedentlich wieder, so in *Neveu, le Marinier* (in derselben Novellensammlung) oder in der ebenso großartigen wie bedrückenden Erzählung *Une Fugue* (1927-28), in der ein junges Mädchen eine ganze Lügengeschichte lang aufrichtig um Hilfe schreit, und schließlich als vollendete Tatsache in *La Dernière Nuit* (entstanden 1927, erstmalig erschienen 1939) und *La Coalition* (1927).

Als echter Bove-Protagonist sucht sich Henri Duchemin einer Umwelt anzupassen, in die er nicht gehört, die er falsch einschätzt: Er ist gleichsam ein farbenblindes Chamäleon (wie etwa der Protagonist in zwei der Binnengeschichten des Romans *Mes Amis*, zum einen der Geschichte vom reichen Lacaze, nach dessen unverbindlich jovialer Freundlichkeit er in seiner Naivität glaubt, ungestraft dessen Tochter nachsteigen zu können, zum anderen in *Henri Billard*, wo er dem falschen Freund die Geliebte ausspannen zu können meint, weil er ein paar nette Worte mißversteht).

Aus dem gescheiterten Miteinander zurückverwiesen auf die Trostlosigkeit seines Zimmers, konstatiert Henri Duchemin wieder einmal das Mißverhältnis zwischen seinen Sehnsüchten und den konkreten Rahmenbedingungen seines Daseins. Dabei offenbart er eine bezeichnende Mischung aus tatsächlicher Hilflosigkeit und ungeschickter Koketterie, wie sie oft zu einem ebenso charakteristischen wie originellen Bove-Ton führen wird:
"Il oublia tout et, parlant tout seul, il regarda pour voir comment il était quand il parlait." (11)

Boves Figuren sind wirklich Leidende, aber sie sind auch Schausteller ihres Leidens. Der Autor sieht seinen Protagonisten immer wieder hellsichtig bei ihrer Selbstbeobachtung zu, bei ihrem Komödiantentum, den nur zu verständlichen und verzeihlichen Spuren von *mauvaise foi*, mit denen sie sich selbst um die letzte Durchdringung ihrer Situation betrügen und so immer auch da noch ein wenig überleben können (und wollen), wo eigentlich schon alles zu Ende ist. Wenn die Tschechowsche Rührung den Autor zu deutlich ankommen will, lenkt Bove sein Mitleid mit dem Elend der Welt schnell um in eine präzise, knappe und komische Demaskierung des leidenden Subjekts und beweist so seine Fähigkeit zu moderner Distanzierung.

Im Fortgang der Erzählung wird das bereits angeklungene Motiv des Selbstmords durch die einschlägige Empfehlung eines Zimmernachbarn wieder aufgegriffen. An der eigentlich abwegigen Selbstverständlichkeit, mit der das Unerhörte auftritt (als befände man sich in einem Film der Brüder Coen), erahnt der Leser – und nicht nur hier – den erst am Schluß aufgedeckten Traumstatus des Ganzen. Dabei muß jedoch sogleich hinzugefügt werden, daß es bei Bove oft gerade auch da, wo nicht geträumt wird, unerhört im Sinne der irritierenden Abweichung vom normalen gesellschaftlichen Verhaltenskodex zugeht, die Grenzen zwischen Realität und Irrealität in Emotionen und Gesten jederzeit brüchig werden können.

Der armselige Überlebenskünstler Duchemin verläßt die unwirtliche Stätte seiner herbeigeredeten Fast-Hinrichtung und flieht erneut in die ebenso unwirtliche Offenheit der Straßen, die als Kontrapunkt zur tristen Enge geschlossener Räume bei Bove grundsätzlich eine wichtige Rolle spielen. Aber wenn man zunächst versucht sein möchte, das Durchstreifen der Stadt in die Tradition der Paris-Flanerie einzuordnen, wie sie vom 19. Jahrhundert bis zu Apollinaire und Aragon (und in jüngerer Zeit bis zu Patrick Modiano) die Liebe der Literaten und der Protagonisten zu ihrer (Welt-)Stadt offenbart, so wird man bald auf die gewaltigen Unterschiede stoßen: Der traditionelle Flaneur geht genüßlich auf Entdeckertour, bei Emmanuel Bove hingegen ist der Stadtgänger ein Getriebener und Vertriebener; die Stadt zeigt sich nicht von ihrer besten Seite; oft ist sie, wie auch in dieser Erzählung, von Regen und Nebel verhangen, und wenn Paris seine Postkartenschönheit doch einmal hervorholt (wie in *Mes Amis*), verhilft dies dem tristen Wanderer höchstens zur Potenzierung seiner Misere, gegen die er sich lediglich im – häufig eingesetzten – Konditional des Wachtraumes wehren und verwahren kann. Die immer wieder gern beanspruchten „beaux quartiers" von Opéra und Madeleine (vgl. auch das Ende des ersten Rahmenteils von *Mes Amis*) sind lediglich Folien für das Imaginieren einer besseren Welt, in der soziale Differenzen nicht mehr existieren, den tristen Einzelgänger nicht länger deklassieren, seine in Wahrheit desillusionierenden Begegnungen vielmehr in Glanz und Glamour tauchen würden.

In *Le Crime d'une Nuit* radikalisieren sich derartige Träume zur Verbrechensversuchung, die Duchemin zunächst abweist, der er dann aber doch erliegt: Henri Duchemin wird zum Raubmörder. Wenngleich seine Beute nicht üppig ist, kann er sich nun jedoch erstmalig im Kreise zufällig zusammengewürfelter Trinkkumpane Gesten der Generosität gönnen und so die (un)moralische Wucht der herbeigeführten Peripetie verdrängen. Eine derart massive Verbrechensgeschichte, eine so horrende Grenzüberschreitung aus niedrigen Beweggründen und damit ohne mildernde Umstände (wie sie etwa historische Zustände bedeuten, die Autor und Leser gleichsam für Notwehr plädieren lassen, so in *Départ dans la Nuit*, 1945, oder aber ein durch Verlusterfahrungen in bitterer Zeit krankhaft verletztes Gemüt wie in *Un Caractère de Femme*, aus dem Nachlaß erstmalig veröffentlicht 1999) bildet im Werk Emmanuel Boves, sieht man ab von den wenigen und eher zu vernachlässigenden klassischen Kriminalromanen wie *Le Meurtre de Suzy Pommier* (1933), sicher die Ausnahme. Wohl aber gibt es immer wieder Geschichten, in denen sich die Protagonisten mindestens ambivalent verhalten (*Une Fugue*; *Un Homme qui savait*, entstanden 1942, erstmalig veröffentlicht 1985) oder aber, weit häufiger, in einer Welt moralischer Orientierungslosigkeit umherirren und verlieren (von bestimmten Binnengeschichten des frühen Romans *Mes Amis* über *Armand* bis zu *Le Piège*, 1945).

Bove schreibt ‚Kriminalgeschichten', wie sie in dieser gattungstypologischen Eigenart, in diesem schwebenden Verhältnis von Ordnung und Ordnungsstörung, nach Kafka erst wieder der Nouveau Roman erfinden wird, den Bove nicht nur in dieser Hinsicht mit vorbereitet.

Zu diesem innovatorischen Ansatz in *Le Crime d'une Nuit* gehört auch die naive, irreale Bedenkenlosigkeit des so ungeheuerlich straffällig Gewordenen, der kein Problem darin sieht, weiterhin und jetzt erst recht, da er doch zum erstenmal auf der Seite der Gebenden zu stehen vermag, geliebt werden zu sollen, ein Traum, den ihm die Welt freilich nicht erfüllt:

"Pendant que tout le monde parlait en même temps, Henri Duchemin commençait à comprendre qu'on ne l'aimait pas. La laideur de la vie lui apparut. Jusqu'à maintenant, tant qu'on l'avait écouté, il avait vécu dans un rêve. A présent, tout était fini." (34)

Einen Augenblick lang bricht die makabre Realität in das Bewußtsein des tristen Helden ein; er will sich der Justiz ausliefern. Dann aber korrigiert er seinen Plan: Ganz gleich, was er getan haben mag, im Grunde ist er zu gut für diese Welt, deshalb muß und darf er sich ihr nicht stellen. Für den Autor bietet diese psychische Kehrtwende Gelegenheit zu einer jener im Gesamtwerk (vor allem im Frühwerk) zahlreich vorkommenden Passagen, in denen der kindliche Narzißmus seiner Figuren mit ebenso viel Komik wie Anteilnahme entlarvt wird:

"Non, il ne se rendrait pas. Il valait mieux qu'il conservât sa liberté, car ces gens sans cœur ne comprendraient jamais les raisons du crime. D'ailleurs, personne ne les comprendrait. Certes, il eût été plus heureux parmi des fous en compagnie de qui il aurait sauté, ri et chanté." (36f.)

Die Komik liegt hier vor allem darin, daß es gerade der Mörder ist, der sich als Mensch mit Herz versteht und den anderen Menschlichkeit abspricht, haben sie ihm doch immer wieder die Zugehörigkeit versagt. Und wie sehr diese Einschätzung auch im speziellen Falle dem gesunden Menschenverstand widersprechen mag („folie" droht – oder winkt tröstend – am Horizont), so weiß sich der Autor doch mindestens in der Enttäuschung über den allgemeinen Zustand der Welt einig mit seiner traurigen Marionette, die er daher nicht ohne Rührung auf ihrem weiteren Weg in die Einsamkeit begleitet.

Die Sehnsucht nach Glück („Je veux être heureux", 44) wird trotz flüchtiger Begegnungen mit irrealer Ausweitung nicht befriedigt. Als Lebensweisheit gibt ein alter Mann dem Protagonisten die (Dostojewski abgelauschte) Empfehlung zum Loskauf durch Leiden mit auf den Weg.

Der Träumer erwacht schließlich in seinem Zimmer: Er weiß nun, daß die Realität seines Weihnachtstages zwar traurig ist, aber er mindestens nur im Traum zum Mörder wurde, alles in seine alte Ordnung zurückgekehrt ist. Real aber ist und bleibt seine Misere: Demnach scheint er leiden, büßen zu müssen, ohne gesündigt zu haben. Wie Henri Duchemin finden sich alle Protagonisten Emmanuel Boves mehr oder minder schuldlos, ein ganz klein wenig kafkaesk, in einer Welt vor, die sie zum Enterbten, zum Versager, zum Gescheiterten stempelt.

Außenseitertum und Einsamkeit des Helden, Phänomenologie und Topographie der Tristesse in geschlossenen und offenen Räumen, undurchschaubare moralische Ambivalenz einer kalten Welt, Dialoge des Mißverstehens und des unangepaßten Protagonisten-Überschwangs vor fremden Gesichtern, Komik des Narzißmus und der Selbstüberschätzung, gattungstypologische Grenzsituation des – hier noch einmal realistisch aufgelösten – Gesamttextes: das alles sind bereits in diesem ersten literarischen Produkt des Autors Merkmale, wie sie sich in der Folge in allen seinen Romanen und Erzählungen mit wechselnder Gewichtung wiederfinden werden.

Ganz besonders aber ist *Le Crime d'une Nuit*, und dies nicht nur wegen der Ähnlichkeit der Titel, vergleichbar mit *La Dernière Nuit* (1927). Die erzählte Zeit dieses Romans umfaßt lediglich die letzten Augenblicke eines Selbstmörders, der sich mit Gas vergiftet. Doch während dieser kurzen Zeit hat der Sterbende umfangreiche und detaillierte Visionen von Liebe, Schuld, Verhör und Geständnis, Visionen, die der Autor als Realität präsentiert. Wie in *Le Crime d'une Nuit* erfolgt auch diesmal erst am Schluß eine realistische Auflösung. Jetzt jedoch handelt es sich nicht um ein zwar resignatives, aber doch befreiendes Erwachen, sondern um den definitiven Schlußpunkt, der alles weitere nach außen gestülpte Erzählen aus der Innenwelt des Protagonisten unmöglich macht:

"Que se passa-t-il alors? Personne ne le saura jamais car, au même instant, Arnold rendit son âme à Dieu." (1987, 144)

Außer für den Beginn des Selbstmordaktes und sein makabres Ende hat der Leser keine Möglichkeit, die Inhalte einwandfrei als letzte Spuren von Gegenwart, Reminiszenzen an tatsächlich Erlebtes oder bloße Vorstellungsdelirien zu unterscheiden. Wie in phantastischen Erzählungen des 19. Jahrhunderts gleiten Unterbewußtes und Bewußtes, ‚Wahrheit‘ und ‚Fiktion‘ unauflöslich ineinander über. Der Roman, dem in seinen ausführlichen Binnengeschichten natürlich, wie so oft bei Bove, die Dostojewski-Tradition von Schuld und Sühne anzumerken ist, erinnert jedoch durch die kühne Verflechtung des äußeren kurzen Augenblicks mit dem Langzeiterleben der Innerlichkeit auch an Ambrose Bierce und seine grandiose Hinrichtungsszene (*An Occurrence at Owl Creek Bridge*, 1891).

Zweites Kapitel: Figurenkonstellationen

Der Prototyp des Boveschen Protagonisten ist der Einzelgänger: Einzelgänger (eher) wider Willen (wie in *Mes Amis* und *Armand*) oder (eher) aus freien Stükken (wie in *Un Père et sa fille* und *Le Pressentiment*, 1931). Aber auch Einzelgänger haben Geschichte und erleben Geschichten, die sie, in welcher Form auch immer, mit anderen Menschen zusammenführen. Einige dieser Bekanntschaften, Begegnungen, Zusammentreffen, schließlich sogar Verwandtschaftsbeziehungen, tragen durch ihren grundsätzlich immer wieder ernüchternden Charakter in erheblichem Maße dazu bei, das charakteristische Bove-Klima zu erzeugen, das den Leser so fasziniert, und verdienen daher eine genauere Betrachtung.

Freunde, Kameraden

Der Titel des ersten Romans *Mes Amis* ist, wie sich bei der Lektüre des Buches sehr schnell herausstellt, ironisch zu verstehen. Insofern ist er programmatisch für die Atmosphäre des Gesamtwerkes. Die für eine authentische Freundschaft typischen Merkmale fehlen bereits bei den Binnengeschichten des Romanerstlings, in denen die ‚Freunde' auftreten, gänzlich. Es gibt keine wirkliche Zusammengehörigkeit, kein Vertrauen, kein wärmendes Miteinander, auch wenn sich der Protagonist gerade diese Erfahrungen immer wieder erhofft.

Victor Bâton bewohnt als Übriggebliebener des Ersten Weltkriegs (der ihn äußerlich leicht, innerlich vermutlich schwerer geschädigt hat) ein armseliges Zimmer, das er am Ende der Geschichte auch noch verlieren wird, weil ihm, dem ‚Müßiggänger', die Hausbewohner nicht über den Weg trauen und den Vermieter gegen ihn aufstacheln. Damit verliert Bâton mit dem sprechenden Namen (der unangepaßt stocksteife Rigide oder auch das existenzschwache Strichmännchen à la *Plume* bei Michaux) (*Un certain Plume*, 1930) selbst die wenigen bescheidenen Gewohnheiten, die sein bisheriges Nachkriegsleben ausmachten. Seine Fremdheit unter den Menschen potenziert sich also innerhalb des Rahmens, und die fünf Binnengeschichten wiederum potenzieren ihrerseits diese Fremdheit, indem sie das denkbare freundschaftliche Potential von zwischenmenschlichen Begegnungen nicht nur unerfüllt bleiben lassen, sondern schonungslos entlarven und ironisieren.

Der triste Reigen der ‚Freunde' wird eröffnet mit Lucie Dunois, die als Wirtin in einem armseligen Bistro Victor Bâton gelegentlich Liebesdienste leistet, ohne ihn deswegen tagsüber anders zu behandeln als die übrigen Gäste: Er bleibt für sie ein Fremder, wie sie auch ihm fremd ist und ganz und gar im Gegensatz steht zu dem, was er sich, angeregt durch die *beaux quartiers* von Paris, eigentlich von Frauen, von Erotik, ersehnt hat. Die desillusionierende Beschreibung der wenig anziehenden Körperlichkeit von Lucie Dunois ist das realistische und ernüchternde Pendant zu den überhöhenden Illusionen von Reichtum und Glück, die sich in der inexistenten, der imaginären kostbaren Geliebten inkarnieren. Die zweite Geschichte erzählt von der zufälligen Bekanntschaft mit Henri Billard, in dem Bâton eine verwandte Seele gefunden zu haben glaubt, weil er, immer auf der Suche nach Erlösung aus seiner Einsamkeit, beiläufige Äußerungen überinterpretiert und zum Schlüssel der Gemeinsamkeit hochstilisiert. Tatsächlich jedoch ist Billard ein unzuverlässiger und undurchsichtiger kleiner Gauner, der den Ärmeren um die erschlichene Geldsumme prellt und mit einer (wenn auch durch körperliches Gebrechen als Objekt der Begierde leicht herabgeminderten) Geliebten aufwarten kann, deren Anblick Bâton die eigene Einsamkeit wieder verstärkt vor Augen führt. In seiner psychologischen Ungeschicklichkeit glaubt der vom Zufallsfreund enttäuschte Protagonist nun in Billards Nina ein Herz zu entdecken, das für ihn schlägt; natürlich wird er wieder alleingelassen und auf den Boden der tristen Tatsachen fortdauernder Leere zurückgeworfen: Die zweite Binnengeschichte ist somit eine doppelte Demaskierung von vermeintlicher Freundschaft, die sich als bloße Einbildung eines naiven Verlierers herausstellt. In *Neveu, le Marinier*, der dritten Geschichte, geht es um einen verhinderten Doppelselbstmord, wobei sich der Protagonist die gute Rolle des generösen Retters zuweist, dem der Errettete wenig Dankbarkeit beweist: Wieder bleibt Bâton allein und mittellos zurück, abgeschnitten selbst von jenen zweifelhaften Freuden, die das Bordell als ambivalentes Gegenbild des Todes zu bieten vermag. Das allgegenwärtige Thema der Armut, die letztlich freilich weniger soziologische als existentielle Ausgrenzung symbolisiert, profiliert sich im vierten Fall inexistenter, eingebildeter Freundschaft durch die Figur des reichen Monsieur Lacaze, den Bâton halbherzig um eine Beschäftigung angeht und in dem er Menschlichkeit und Freundlichkeit zu entdecken glaubt. Wie es jedoch damit in Wahrheit bestellt ist, zeigt sich sehr schnell, als Bâton, wieder einmal in totaler Verkennung des eigenen Standortes in der Hierarchie der ‚Freunde', es wagt, der Tochter des reichen Mannes nachzustellen. Bâton stürzt in das Nichts zurück, aus dem er ahnungslos ausbrechen zu können glaubte. Mit Blanche de Myrtha, einer kleinen ‚Künstlerin' im Halbweltmilieu, schließt sich der Reigen der ‚Freunde', wobei das Motiv desillusionierender Erotik, das bereits die erste Binnengeschichte charakterisierte, erneut aufgegriffen wird und sich damit potenziert. Das Resul-

tat des Reigens ist die zementierte Erkenntnis der ebenso unerträglichen wie unaufhebbaren Einsamkeit:
"Je cherche un ami. Je crois que je ne le trouverai jamais." (1977, 104) "Certains hommes forts ne sont pas seuls dans la solitude, mais moi, qui suis faible, je suis seul quand je n'ai point d'amis." (a.a.O., 212)

Victor Bâton kehrt noch einmal wieder in der Erzählung *Un autre Ami* (aus der Novellensammlung *Henri Duchemin et ses Ombres*). Auch hier handelt es sich um eine Desillusionsgeschichte, deren Titel bereits darauf schließen läßt, daß es dem Protagonisten ähnlich ergehen wird wie in dem Roman *Mes Amis*, daß es sich hier eigentlich nur um eine denkbare zusätzliche Binnengeschichte des Romanerstlings handelt, die Bove, aus welchem Grunde auch immer, lediglich in einen anderen Erzählkontext einstellt. Bâton trifft beim Vogelfüttern im Park auf einen Unbekannten, dem er wieder einmal wie so oft eine *délicatesse* unterstellt, die in Wahrheit nicht vorhanden ist. Die Freundlichkeit des Unbekannten nämlich deutet Bâton als echtes Interesse an seiner Person. Er nimmt eine Einladung an und muß bei diesem Besuch zu seiner Enttäuschung feststellen, daß den Gastgeber nur die eher kränkende Generosität gegenüber Armen im allgemeinen, nicht etwa das freundschaftliche Wohlwollen gegenüber dem in mißlicher Lage befindlichen Individuum Bâton beflügelt. „Je veux qu'on me distingue", sagt Molières Alceste (*Le Misanthrope*, 1667). Zurecht, aber vergebens, denkt Bâton wie der anspruchsvolle Misanthrop. Doch bei Bâton ist eine derartige Vorstellung von denkbarer Freundschaft fast so etwas wie jene „folie de la grandeur", die dem Boveschen Protagonisten in all seinem Elend und in nahezu grotesker Verkennung der sozialen und psychologischen Sachlage niemals ganz abgeht.

Jene Nachbarn, die Bâton aus der gewohnten Umgebung hinausdrängen, kehren als schäbige Variante wieder in *Le Pressentiment* (1935). Charles Benesteau hat aus Enttäuschung über die mangelnde Generosität der Menschen mit Verwandten und Freunden gebrochen. Aber in seiner selbstgewählten Einsamkeit übernehmen die Mitbewohner und Nachbarn, insbesondere verschiedene Conciergen, die Rolle der Fieslinge, die ihn bespitzeln, verdächtigen und verleumden, als er in einer vielleicht ungeschickten Geste selbstverständlicher altruistischer Anteilnahme ein vorübergehend verwaistes 13jähriges Mädchen bei sich aufnimmt. Erst mit dem plötzlichen Tod des Protagonisten kommt alles wieder höchst konventionell ins Lot: Die Straße hat noch nie eine so große Beerdigung gesehen, und selbst die Misanthropie des Verstorbenen findet nun eine harmonisierende Erklärung (die zugleich den Romantitel aufgreift): Die bewußte Abkehr des ehemaligen Anwalts von seiner Welt wird als Vorahnung („pressentiment") des eigenen Todes gedeutet und damit gleichsam entschärft, akzeptabel gemacht.

Der Roman *Armand* (1928) präsentiert eine interessante Variante des Freundschaftsmotivs. Der Protagonist befindet sich zunächst im Glück, aber dieses Glück, das ihm so selbstverständlich und dauerhaft erscheinen will, ist in Wahrheit prekär und kann durch falsche Freunde ebenso wie durch die eigene Ungeschicklichkeit nur zu schnell ins Unglück umschlagen. Armand trifft auf Lucien, der nun seinerseits die übliche Rolle des verarmten Bove-Protagonisten wahrnimmt und von dort aus gekränkt und hilflos mit ansehen muß, wie der andere sich in der schönen Wohnung seiner Geliebten etabliert hat und ein gutes Leben genießt. Armand begegnet Lucien freundlich, aber nicht ohne die Herablassung dessen, der nun einmal das bessere Los gezogen hat und dazu tendiert, das Unglück des anderen mit dessen Wesen gleichzusetzen. Seine überhebliche Selbsttäuschung bekommt dem Protagonisten schlecht. Eine ebenso minimale wie fatale Grenzübertretung wirft ihn zurück in die soziale Kälte, die er hinter sich zu lassen geglaubt hatte: Der unwichtige, aber natürlich eigentlich vermeidbare und nicht unarrogante Kuß, mit dem Armand generös die zukurzgekommene Schwester des zukurzgekommenen ‚Freundes' beglückt, wird ihm zum Verhängnis, da der Freund ihn bei der Geliebten denunziert und damit sein geborgtes Glück zerstört. Bove spiegelt den Wechsel großartig und sehr modern in dem Wandel der Umweltwahrnehmung.

Enttäuschende oder mindestens ambivalente Rollen spielen Freunde auch in der Kriegstrilogie, insbesondere in *Le Piège* (1945) und in *Non-lieu* (1945, posthum). In *Départ dans la nuit* (1945) wird das Stereotyp „mes amis" ersetzt durch die insistierend wiederholte Formel „mes camarades", wobei der Effekt nicht ganz unähnlich ist. Zwar steht jetzt auf der Ebene der Handlung weit mehr auf dem Spiel als vor allem in den frühen Romanen, da der Erzähler bei dem geplanten Ausbruch aus deutscher Kriegsgefangenschaft die Ungeschicklichkeit seiner Kameraden durch die Tötung von zwei deutschen Wächtern kompensieren muß und sich insofern moralisch und juristisch auf einen gefährlichen Treibsand begibt, in dem er jederzeit untergehen kann. Doch das beschwörende „mes camarades" ist auch unabhängig von dieser dramatischen Peripetie voller Brüchigkeit. Die Gruppe weist nicht die Einheitlichkeit auf, die durch die Bezeichnung vorgegeben zu sein scheint. Ein latentes oder auch offen zutage tretendes Mißtrauen wirkt als Spaltpilz im Inneren und stört insbesondere das Verhältnis zum Protagonisten, der seinerseits niemals sicher sein kann, ob sein Engagement verstanden, akzeptiert und durch Vertrauen belohnt wird. So erweist sich z.B. der im Abseits stehende schwache ‚Freund', ein armseliger Außenseiter, dem er sich trotz allgemeiner Mißbilligung generös zuwendet und der ihn immer zu stützen geschworen hatte, bei Gefahr als wortbrüchiger und potentiell bedrohlicher Gegenspieler. Aber auch der Protagonist selbst ist nicht ohne *mauvaise foi*, seine Motive sind in Wahrheit vielleicht weniger auf andere als auf seine eigene Pseudo-Größe bezogen, wie dies bei Bove, der freilich bei solchen Demaskierungen diskret und voller Behutsamkeit vorgeht, immer wieder der Fall ist. In *Non-lieu*, der Fortsetzung dieser Fluchtgeschichte, sind Freunde, Verwandte, vor allem der Vater, Verstärker der inneren und äußeren Abhängigkeiten und der damit verbundenen Ängste.

Vater und Tochter

Anläßlich des Erscheinens der Erzählung *Un Père et sa fille* (1928) schreibt Max Jacob dem Autor einen bewundernden Brief:
"*Un Père et sa fille* est un des plus beaux livres que je connaisse. Il pourrait être de n'importe quel maître le plus grand: il est de vous. Croyez à ma profonde admiration." (zitiert nach: *Un Soir chez Blutel*, 1984, 12)

In der Tat ist *Un Père et sa fille* zweifellos einer der bewegendsten Texte Emmanuel Boves. Der Protagonist wird diesmal in der dritten Person vorgeführt, und der Leser erhält alles in allem nur spärliche Einblicke in sein Inneres. Umso eindringlicher wirken die manifesten Merkmale und Verhaltensweisen, die von außen auf sein Wesen und sein Befinden schließen lassen.

Zu Beginn begegnet Jean-Antoine About (mit einem ebenso normalen wie in diesem Falle sprechenden Namen) in extremem Maße als eine jener typischen Bove-Figuren, mit denen es das Leben nicht gut gemeint hat. Er wirkt vernachlässigt und verstört; man hält ihn für so seltsam, daß sogar die Polizei gerufen wird, die allerdings keinen Grund zum Eingreifen sieht. In seinem Appartement bewohnt About praktisch nur einen bescheidenen Rückzugswinkel. Erst das Telegramm, in dem seine Tochter, die seit Jahren nichts mehr von sich hat hören lassen, ihre Rückkehr ankündigt („Suis malade. Pardonne. Rentrerai maison ce soir." In: *Un Soir chez Blutel*, 153) ruft ihn vorübergehend wieder in eine Art Normalität zurück: „Maintenant, il désirait ardemment que tout fût luisant de propreté et que disparût ce désordre qui révélait sa déchéance." (154) Bevor diese scheinbare Glücksperipetie erneut entzaubert wird, holt der Autor den Werdegang seines Protagonisten nach. About wollte es im eleganten Geschäftsleben zu einem Großen bringen; die stereotyp von ihm benutzte Bewunderungsformel „C'est un type" zeigt, wer und was ihn beeindruckt, ohne daß es ihm gelänge, die Vorbilder einzuholen. Auf diverse Phasen des Scheiterns folgt durch Erwerb und Führen eines Frisiersalons ein bescheidener Wohlstand, den jedoch seine Frau Marthe unzulänglich findet und in dem auch About selbst sich im Grunde so beschämt fühlt, daß er seiner Tochter Edmonde möglichst lange zu verschweigen sucht, womit er sein Geld verdient. Abouts armseliges Glück zerbricht das erste Mal, als seine Frau ihn hintergeht, obwohl er sie vergötterte. Nach der Trennung fühlt er sich als ein Nichts („Tiens, c'est sa mocheté de mari," 181, sagen die Freunde seiner Frau bezeichnenderweise von ihm): „Il délaissait son magasin, sa fille, ses occupations." (180) Die gesamte Welt wird ihm gespenstisch fremd und unwirklich. Allmählich löst sich jedoch aus diesem Nebel die Gestalt seiner kleinen Tochter heraus, auf die er seine ganze durch die Frau aufs tiefste enttäuschte Liebe überträgt: „L'amour qu'il portait à son enfant se transforma alors en idolâtrie." (182) Der Sinn seiner Existenz besteht von nun an darin, der Tochter ein Leben oberhalb seiner Möglichkeiten einzurichten, sie von der eigenen sozialen Mittelmäßigkeit abzuschirmen: „Sa raison d'être était de maintenir sa fille au-dessus du milieu dans lequel il vivait." (187) Dennoch schämt sich Edmonde ihres Vaters. Bald schon verläßt sie sein Haus und bezieht, angeblich zur praktischeren Bewältigung ihrer künstlerischen Ausbildung, ein Zimmer in der Nähe der Académie des Beaux-Arts. Als die Sehnsucht ihren einsamen und vernachlässigten Vater dorthin treibt, muß er feststellen, daß sie, ohne es offen gestehen zu wollen, mit einem Mann zusammenlebt. Antoine Abouts Welt zerbricht definitiv; in der laschen Moral der Tochter wiederholt sich die grausame Kränkung durch die Mutter. Einer Versöhnung mit der gefallenen Göttin geht er aus dem Weg.

Fünf Jahre später ist er jenes Schemen, das dem Leser am Anfang begegnet war. Nun aber will er mit einem Mal die Tochter zurück: Sie soll und wird ihm jenes Mitleid geben, das ihm die Welt bisher versagt hat. In optimistischen Konditionalpassagen, wie sie im Rahmen des realen Elends immer wieder bei Bove anzutreffen sind, erträumt sich About seine Erlösung durch die Tochter. Doch die Wirklichkeit entmachtet das Konditional: Die Tochter, selbst alles andere als ein strahlender Anblick: gebeutelt vom Leben, ausgenutzt und verlassen, sieht ihn so kalt und mitleidlos an, daß er sie hinauswirft wie einst seine Frau, und wie einst jammert er auch jetzt vergeblich nach der Verstoßenen. Seine Einsamkeit, verstärkt durch die spöttische Verständnislosigkeit des Dienstmädchens Nathalie, potenziert sich bis an den Rand eines Wahnsinns, den der Autor durch Abouts ebenso rührendes wie einfältiges Lächeln am Schluß der Erzählung diskret andeutet. Das Verhältnis des Vaters zur Tochter in *Un Père et sa fille* stellt sich somit dar als erschütternde Leidensgeschichte des alternden männlichen Protagonisten.

Innerhalb der Erzählung *Une Fugue*, in der es um die ebenso reale wie vorgetäuschte Tragödie eines jungen Mädchens geht, wiederholt sich dieses Verhältnis spiegelverkehrt, obwohl es nicht die zentrale Rolle spielt wie in *Un Père et sa fille*. Denn Louise Assolant, die eines Tages in der Kanzlei von Maître Agostini auftaucht und seinen Rat sucht, weil sie eines Pelzdiebstahls wegen von der Direktion des Kaufhauses Le Printemps angezeigt worden sei, ist in Wahrheit einsam und erfindet eine Notsituation, um Menschen auf sich aufmerksam zu machen: Ihr Hilfeschrei richtet sich an viele, auch z.B. an die beste Freundin, der sie unter der Hülle eines Lügengespinstes die Wahrheit über ihre inneren Qualen offenbart:

"Elles te sont indifférentes, n'est-ce pas? Eh bien, laisse-moi te dire que tu regretteras ton attitude. Tu entendras parler de moi. Personne ne m'aime ni ne me comprend. Si j'avais été guidée, si j'avais senti un peu d'affection autour de moi, je n'aurais pas fait cela. Maintenent mon isolement est encore plus grand." (In: *Un Soir chez Blutel*, 234)

Alle versagen, weil sie Tragödien in der Außenwelt suchen, die sich in Wirklichkeit im Innern abspielen. Es entsteht eine tiefschwarze Komödie der Irrungen und Wirrungen, eine aufregende Geschichte um eine Vermißte (eben jene Louise Assolant), ein Kriminalroman mit lauter falschen Spuren, die von der angeblichen ‚Täterin' (des nie geschehenen Diebstahls) gelegt werden und die in deren vorgetäuschtem Selbstmord, dem ein Akt echter Verzweiflung zugrundeliegt, gipfeln. Dennoch hat die paranoide Inszenierung des jungen Mädchens, dessen Innerlichkeit diesmal besonders radikal ausgespart bleibt und der Erzählung so eine Aura geheimnisvoller Unerklärlichkeit verleiht, nicht den Charakter bloßer Willkür, dumpfer Hysterie oder eines quasi dementen Selbstzerstörungsanfalls. Emmanuel Bove liefert nämlich im Anschluß an die Eingangsszene beim Anwalt, der Louise gegen ihren Willen zu ihren Eltern zurückbringen will, die Geschichte ihres Werdegangs, bei dem nun das Elternhaus eben doch die entscheidende und unheilvolle Rolle spielt: Die Mutter, die lieber einen Sohn gehabt hätte und im übrigen vor allem auf gesellschaftliches Ansehen setzt, scheint lieblos und indifferent, führt keinen Dialog mit der Tochter:

"Jamais une parole douce ne lui était adressée. Elle ne gênait pourtant personne." (227)

Die charakterliche Strenge des Vaters tendiert zu verständnisloser Härte:

"Il faisait partie de cette catégorie d'hommes pour qui le respect de la parole donnée, l'honneur, la probité sont des vertus si naturelles qu'ils sont incapables de commettre le moindre acte de malhonnêteté." (224)

Gerade deswegen sucht die Tochter, unbewußt vielleicht, den Vater durch den erfundenen „acte malhonnête" zu treffen, zu beunruhigen, für sich zu gewinnen. Gefragt, was eigentlich los gewesen sei, antwortet sie, wie aus einem Alptraum aufwachend, mehrfach: „Rien" (265): konsequent insofern, als eine echte Außenwelthandlung nicht stattgefunden hat. Tatsächlich gehen Tochter und Eltern im Gefolge anderer Helfer am Schluß des gesamten Ablaufs in schöner Eintracht, so scheint es, heim: Aber wird sich Louises Leben wirklich ändern?

Diese Geschichte ist ein besonders eindrucksvoller Beweis für das Verständnis, das Bove der Psyche junger Weiblichkeit entgegenbringt. Zeiht man ihn gelegentlich der Misogynie (ein Eindruck, der sich allerdings nicht ganz von der Hand weisen läßt, wie später aufgeführte Beispiele zeigen werden, vgl. hierzu insbesondere das Nachwort von Alain Clerval zur Neuauflage von *Le Piège*), so muß man sehen, daß Bove dabei meistens die fehlgeleitete Sozialisation von erwachsenen Frauen im Blick hat, denen der Kampf ums Dasein und der Umgang mit primitiven Seelen die ursprünglich vielleicht vorhandene Sensibilität und Generosität aberzogen haben. Natürlich erprobt Bove gern auch seine satirischen Möglichkeiten an Frauendarstellungen, so auch an einer Nebenfigur in *Une Fugue* (Madame Rouaix), mit der er eher der sonst in dieser dunklen Erzählung vernachlässigten Struktur der Komik und Groteske opfert. Im übrigen sollte man nicht übersehen, daß es im Gesamtwerk Boves auch immer wieder positive Frauenportraits gibt, die uns – ebenso wie die Gegenbeispiele – später noch begegnen werden.

Das Motiv der problematischen Rückkehr ins Elternhaus, das den Schluß von *Une Fugue* stellt, findet eine beeindruckende Variante in der Erzählung *Le Retour de l'Enfant* (in: *Henri Duchemin et ses Ombres*), die in einer überaus präzisen Beschreibung den Weg eines als Ich-Erzähler auftretenden jungen Mannes zu jenem Haus verfolgt, das er vor fünf Jahren nach einem kleinen Diebstahl verlassen hat, das er nun mit seinen von fern erspähten Menschen zurücksehnt (wieder gibt es die – später widerrufenen – typischen Konditionalsequenzen freudiger Erwartung, 201), um schließlich doch der fremd und gleichsam irreal gewordenen Heimat die Faktizität der vertrauten Fremde vorzuziehen:

"La journée s'achevait dans la même paix que la veille. Je me sentis coupable d'avoir failli la troubler. [...] Je regardai, une dernière fois, la campagne qui n'avait pas changé, qui entourait la maison que je quittais pour toujours, et je repris ma route." (205)

Auch dies ist eine Geschichte des Verlangens nach Zugehörigkeit und der Unfähigkeit, sie zu erlangen, auch dies ist eine Ohnmachtsgeschichte: insofern ein chakteristischer Mosaikstein in Boves gewaltigem Tableau der Einsamkeiten.

Bruder und Schwester

Der Roman *Un Homme qui savait* (1985) mit dem seltsam offenen und vieldeutigen Titel entstand 1942, wurde jedoch zu Lebzeiten des Autors nicht veröffentlicht, obwohl er einen typischen Bove-Weltausschnitt souverän darstellt. Protagonist des Romans ist der 57jährige Maurice Lesca, ein verarmter und nicht mehr praktizierender Arzt, von dem der Autor sagt: „Les débris d'une existence déjà longue étaient inscrits sur son visage." (7) Im Hinblick auf das Entstehungsdatum scheint es verwunderlich, daß der Zweite Weltkrieg, der doch sonst im Spätwerk Emmanuel Boves eine zentrale Rolle spielt, hier gänzlich ausgespart bleibt (so daß man fast geneigt sein möchte, den überlieferten Zeitpunkt des Textentwurfes in Frage zu stellen). Lesca lebt zusammen mit seiner Schwester Emily, die einen Sohn hat, der jedoch nicht zu diesem kleinen bedrückten und bedrückenden Haushalt gehört. Gleichzeitig ist Lesca befreundet mit Madame Maze, Inhaberin einer bescheidenen Buchhandlung, deren Geschäft er regelmäßig auf eine Tasse Tee und ein kurzes Gespräch aufsucht. Wie alles in seinem Leben ruht jedoch auch diese Freundschaft auf einem Sockel von Resignation, von dem die Außenwelt nichts ahnt:

"Il connaissait tellement bien le genre d'amitié qui pouvait naître entre une femme comme cette commerçante et lui. Il savait tellement bien que tout cela était si loin de ses aspirations véritables." (25)

Hier wird an einem Situationszipfel das objektlose „savoir" des Romantitels thematisiert. Immer wieder kommt überdies im Selbstverständnis des Protagonisten die Diskrepanz zwischen seinem sozialen Erscheinungsbild („Je ne peux rien, rien, rien", 20) und seiner ruhelosen und aufbegehrenden Innenwelt („Je voudrais avoir une bombe. Il y a des moments où on a envie de faire tout sauter", 20) zum Ausdruck. Eigentlich wäre Lesca seiner Selbsteinschätzung nach ein Mensch, dem andere zuhören, dessen Rat sie suchen müßten. In Wahrheit jedoch ist er es, der auf die Hilfe anderer angewiesen ist, etwa auf die des zweiten Mannes seiner geschiedenen Frau:

"Il était fait pour donner des conseils, pour protéger et il fallait qu'il allât solliciter les gens. Il n'y avait pas moyen de faire autrement. Il fallait vivre." (13)

Die empfundene Ohnmacht im Widerstreit mit der ebenso stark gefühlten, aber nicht zum Tragen kommenden Überlegenheit bringt Lesca auf die Idee, sich für Madame Mazes Wohlergehen einzusetzen, indem er von ihrem geschiedenen Mann die kleinen Besitztümer zurückfordert, die einst in den Trennungswirren ohne Betrugsabsicht bei jenem verblieben waren. Obwohl seine Freundin zunächst nichts davon wissen will, gibt sie Lescas Drängen nach und erlaubt ihm, das unerhebliche Vermögen in Verwahrung zu nehmen, um es ihr auszuhändigen. Zur Übergabe kommt es jedoch nie: Lesca dient es seiner Schwester gegen deren Willen an, um Emilys Mittellosigkeit abzumildern. Aber ist diese zweifelhafte Güte wirklich sein wahres Motiv?

Un Homme qui savait ist eine jener seltsamen – modernen – Kriminalgeschichten, in denen das ‚Verbrechen' nur den Vorwand für den Entwurf einer ambivalenten Welt bildet, in denen Aufklärung und Lösung nichts bedeuten im Verhältnis zum undurchschaubaren Verhalten der Beteiligten, insbesondere des ‚Täters'. Die Faktizität des Aktes ist zu sehen im Licht des Verhältnisses zwischen Bruder und Schwester. Emily ist Lescas wahre, geliebte und ungeliebte Bezugsperson, so wie auch er für sie eine entsprechende Rolle spielt. Es handelt sich hier um eine der eindrucksvollsten Facetten jener unendlichen Geschichte der zwischenmenschlichen Einsamkeit, die für Bove typisch ist und ihn immer wieder aufs neue fasziniert. Die Geschwister leben nebeneinander her, nehmen zum Beispiel bezeichnenderweise ihr Essen getrennt ein. Emily behandelt ihren Bruder nicht ohne Kälte und Schroffheit, wirft ihm Egoismus und Narzißmus vor, findet, daß er sich über andere, sie eingeschlossen, mokiere. Mit empfindlichem Gespür durchschaut Emily die Komödien, durch die er sich wichtig zu machen sucht. Ob sie allerdings die dahinter liegende Einsamkeit erkennt, bleibt ungewiß. Lesca jedenfalls muß im Zusammenleben mit ihr ebenso wie auch sonst den Eindruck gewinnen, daß alles, was er sagt, „sans intérêt" sei (19), zumal Emily ihm so gut wie nie antwortet, wenn er mit ihr zu sprechen versucht. Andererseits ist die intime Mischung aus Fremdheit und Nähe, die permanente Anwesenheit Emilys etwas, was Lesca mit keinem anderen Menschen teilt und was ihn durchaus in Erstaunen versetzt. So ist sein analysierender Blick auf die Schwester sogar bisweilen mit Bewunderung durchsetzt:

"Il était au fond étonné qu'elle eût une position aussi gracieuse. Il avait parfois le sentiment qu'elle était une étrangère. Il lui semblait bizarre qu'elle se trouvât là, dans cet abandon si intime, sans penser une seconde à se cacher de lui." (40)

Wie in den meisten seiner Romane und Erzählungen liefert Bove auch in *Un Homme qui savait* den Werdegang des Protagonisten (sowie in diesem Falle auch den seiner Schwester) nach. Es ist wie fast immer eine Geschichte des Scheiterns. Lesca schließt eine Heirat in vornehmen Kreisen, die ihm jedoch nicht bekommt, ebenso wenig wie der Arztberuf und die Gründung einer eigenen Klinik: Alles muß er schließlich aus den Händen gleiten lassen, und eigentlich macht ihm sein Versagen auch nicht viel aus. Er lebt mehr oder weniger als Parasit auf Kosten der Familie seiner ehemaligen Frau. Eine Zeitlang konnte ihn auch die Schwester aufnehmen, die jedoch nach dem Tode ihres Mannes verarmt. Anfangs schickt ihr der Bruder Geld, vergißt dann jedoch bald, daß es sie überhaupt gibt. Nun ist sie in seinem Haushalt: Zwei vom Leben Betrogene finden sich unter einem Dach zusammen. Vielleicht ist Maurice Lesca nun doch am Schicksal seiner Schwester stärker interessiert, als es für diese den Anschein hat: Jedenfalls scheint er die kindische Intrige im Zusammenhang mit Madame Maze zu Emilys – armseligem – Vorteil zu inszenieren oder mindestens doch in ihrem Ergebnis auf die Schwester zu beziehen, ohne dabei auch nur die geringsten Skrupel zu empfinden:

"Il savait bien qu'au fond il lui était égal que Mme Maze cherchât ou ne cherchât pas à reprendre cet argent. Qu'est-ce que ça pouvait lui faire? De quoi se mêlait-il? Pourquoi se faisait-il tant de souci? L'intérêt de Mme Maze? Il se mit à rire si bruyamment qu'Emily leva les yeux." (92)

Beim Versuch einer inneren Einordnung seiner eigenen Position im Verhältnis zu den beiden Frauen seiner armseligen Welt spricht er Emily „honnêteté"

(170), Madame Maze „désintéressement" (170) zu und fragt sich verwundert, wo eigentlich sein eigener charakterologischer Standort sei:
"Oui, murmura-t-il, c'est vrai, je suis un homme léger, un homme léger. Voilà ce que je découvre aujourd'hui. Je ne l'aurais jamais cru." (172)
Dieses kritische moralische Selbstportrait wird jedoch vom Autor nicht ohne Mitgefühl konterkariert durch die präzise Beschreibung eines Außenbildes, das von Verstörung, Müdigkeit, Leiden und Ängsten zeugt. Und zugleich ist der Blick des Protagonisten auf die Schwester ein Blick auf die entglittene und zerbrochene Vergangenheit, in der beide jung und einander nahe waren und die sich in vagen Spuren vielleicht noch als Gegenwart behauptet, beide in einem Kreis zusammenschließt, der sie gegen die anderen abgrenzt, auch wenn es keinem von beiden voll bewußt ist:
"Elle avait vieilli pour tout le monde, mais pas pour lui, son frère. Il se souvenait qu'il l'avait aimée, puis qu'il l'avait oubliée." (173)
Die Schwester ihrerseits vermag Lescas widersprüchliches, bizarres Verhalten weder zu deuten noch ohne Irritationen zu ertragen. Ständig steht die Frage, ob der Bruder wirklich an sich und der Welt leidet oder die Komödie dieses Leidens inszeniert, ob er krank ist oder von der Hysterie des Hypochonders geschüttelt wird, im Raum. Emilys schwesterliche Gesten bleiben dementsprechend spärlich. Starrsinnig, gereizt, verwirrt, fordert Lesca sie schließlich zum Gehen auf. Sie geht tatsächlich. Ob sie das kleine durch ihren Bruder erschwindelte ‚Vermögen', das er ihr geradezu aufzwingt, wirklich an sich nimmt, mit dem er ein letztes Mal die Rolle des Überlegenen, des Gebenden, des Besitzenden spielen und gleichzeitig dem einzigen aus seiner untergegangenen Welt übriggebliebenen Menschen ‚helfen' könnte, wird bis zum Schluß nicht eindeutig klar. Maurice Lesca bleibt sich, der Umwelt und dem Leser auf immer ein Geheimnis.

Das Motiv des Verhältnisses von Bruder und Schwester findet sich auch in dem Roman *Armand*. Es stellt hier allerdings vordergründig nur ein Element der Nebenhandlung, die den Ich-Erzähler Armand auf seinen Freund Lucien und schließlich auch auf dessen Schwester treffen läßt. Für die Erzähldramaturgie ist dieses Element jedoch von großer Bedeutung. Die Begegnung mit der Schwester, die ‚Verfehlung' Armands in diesem Zusammenhang, löst die Unglücksperipetie des Ganzen aus, weil Lucien sich für das eigene Elend durch Denunziation des vom Glück begünstigten Freundes bei dessen Geliebter und Gönnerin rächt und ihn so in eine der seinen vergleichbaren Misere zurückfallen läßt.

Die Beziehung zwischen Lucien und seiner jüngeren Schwester Marguerite wird dem Leser durch den Beobachter und Ich-Erzähler Armand vermittelt. Es sieht aus, als habe Lucien in der ‚kleinen Schwester' eine manipulierbare Figur zur Verfügung, bei der er, der Zukurzgekommene, nun doch den Herrn herauskehren kann, von dessen Willkür ein schwächerer Mensch abhängig ist. Marguerite gegenüber tritt Lucien barsch und herrisch auf. Er läßt sie spüren, daß sie ihm lästig ist, ein Anhängsel, auf das er verzichten kann: Im Café bleibt sie allein und angsterfüllt zurück:

"Elle l'attendait de ses yeux, de ses oreilles, de ses bras immobiles, sentant confusément la distance s'accroître entre elle et lui à mesure que le temps passait." (1977, 106)

Es ist diese Unsicherheit, das Warten auf eine andere, bessere Situation, die man selbst jedoch nicht herbeiführen kann, durch die sich Armand, vielleicht in unklarer Erinnerung an seine triste Vergangenheit, gerührt, angezogen und geschmeichelt fühlt, scheint Marguerite doch gerade von ihm so etwas wie eine Transformation ihrer Lage zu erhoffen:

"Devant tant de résignation, de faiblesse, de pauvreté, je fus pris de pitié." (119)

Doch bald, unmittelbar nach seiner ‚Verfehlung', dem zärtlichen Handkuß, kommt schon die desillusionierende Parallelstelle, die nicht zufällig syntaktisch weitgehend der ersten entspricht:

"Devant cette enfant partagée entre sa vertu et la volonté de ne pas me froisser, je fus pris de remords." (124)

Armand geht. Wie Camus' Meursault in *L'Étranger* stand er zwischen zwei Möglichkeiten in Bezug auf das Gleichgewicht der Welt. Ohne eine wirkliche Schuld auf sich zu laden, hat er dieses Gleichgewicht eben doch gestört. Das Verhältnis zwischen Bruder und Schwester, so unzulänglich, so irritiert und irritierend es auch sein mag, ist für Fremde nicht zugänglich, vor allem dann nicht, wenn sie, unverdienterweise, wie Lucien denkt, eine bessere Welt vorgaukeln. Wenn Lucien sich an Armand gehässig und zornig rächt, rächt er auch die ‚Ehre' seiner Schwester, sich und anderen eine anspruchsvolle moralische Kohärenz suggerierend, die es zu bewahren gilt. So schäbig die Beziehung zur Schwester auch sein mag: sie ist sein Stolz, sein Besitz, sein Vermögen, und die angstvolle Erwartung, mit der Marguerite ihrem Bruder nachzusehen pflegt, zeigt, daß sie diese Hierarchie verinnerlicht hat und akzeptiert. Der weiße Ritter Armand muß daher in einem solchen geschlossenen Kontext seinen Glanz verlieren. Es ist nur konsequent, daß er auch in den Augen der Geliebten zu einem Nichts zusammenfällt.

Eheleute, Liebende

Das *Journal écrit en hiver* (1931) entstammt der mittleren Schaffensperiode des Autors und kann als eines der stärksten Werke dieser Zeit angesehen werden. Bove-Kenner behaupten, es sei in besonderem Maße autobiographischer Natur.

Insofern die erste Ehe des Autors, der seine beiden Kinder entstammen, nicht lange gedauert hat und wohl auch nicht besonders glücklich war, mag man diese Einschätzung eines umfangreichen Textes, in dem der Ich-Erzähler der Frau die weniger positive Rolle zuordnet, vielleicht unterschreiben. Man muß dann jedoch sofort hinzufügen, daß nicht nur viele Elemente zur Biographie nicht recht passen wollen (z.B. die Kinderlosigkeit des im *Journal* dargestellten Paares), sondern daß die Nähe zur Autobiographie, versteht man das Bekenntnishafte als intime Verwandtschaft mit den behandelten männlichen Protagonisten, auch sonst gilt (ganz besonders und sicher in noch höherem Maße für *Le Beau-fils*) und daß es im Falle des hier vorliegenden Textes möglicherweise lediglich die gewählte Erzählform des Tagebuches ist, die für den Eindruck des Autobiographischen sorgt. Wie dem auch sei: Eines dürfte feststehen, nämlich daß kaum ein Werk Emmanuel Boves so sehr dazu beigetragen hat, den Ruch der Misogynie zu produzieren, den viele mit dem Autor verbinden.

Louis, der Tagebuchschreiber, berichtet von seiner Ehe im Zeichen der letzten Monate, die der Trennung von seiner Frau Madeleine vorausgehen. Auf die Portraits anderer Figuren, von denen insbesondere das des mit Sympathie gezeichneten Vaters der Frau von Interesse ist, muß hier nicht eingegangen werden. Der Schreiber behauptet zwar immer wieder, er liebe Madeleine, doch müht er sich weder, seine Vorbehalte ihr gegenüber zu verschweigen noch die angeblich Geliebte auch dem Leser liebenswert werden zu lassen. Madeleine, aus der Perspektive des Tagebuchschreibers gesehen (und eine andere Perspektive erlaubt die gewählte Erzählform nun einmal nicht), meint zwar eine komplexe Psyche zu besitzen, ist jedoch in Wahrheit eher oberflächlich, leicht durchschaubar, dabei ihrerseits außerstande, sich von außen zu sehen und ihre eigene Durchschaubarkeit zu erahnen. In dieser und mancher anderer Hinsicht wird sie als das Gegenteil des Tagebuchführers dargestellt, der sich im wesentlichen die positive Rolle reserviert:

"Car s'il est une chose qui semble impossible à ma femme, c'est qu'on puisse deviner ses pensées. Elle peut tout insinuer, jamais il ne lui viendra à l'esprit que l'on découvrira ce qui la conduit. C'est par ce point qu'elle est le contraire de moi." (1983, 6)

Die problematische Beziehung („Je suis fait pour vivre seul, mais je ne puis rester seul", 33f.) endet mit Szenen der Eifersucht und der in Gewalt umschlagenden Haßliebe, deren Objekt eine Madeleine ist, die zwar den auch immer wieder spürbaren Komödiencharakter dieser vom Ehemann inszenierten oder radikalisierten Dramen erkennt (bisweilen „tempêtes dans un verre d'eau" à la Sarraute), nicht jedoch die darunter liegende echte Seelenqual. Der Erzähler leidet an sich und an seiner Frau, er sehnt sich nach einem echten Miteinander, das nicht zustande kommt, und er kann sich mit dem Zuwenig an Übereinstimmung und dem Zuviel an Fremdheit und enervierender Vulgarität nicht abfinden, zumal seine eigene mentale Substanz sich dabei aufzulösen droht:

"Toutes ces complications sentimentales commençaient à me sembler sans issue. J'avais soif de lumière, de grand air, d'amour simple et profond, et, au lieu de cela, je luttais dans un tel dédale de sentiments que, par moments, je finissais par croire que, du seul fait que je pensais une chose, elle était fausse." (127f.)

Madeleine gesteht ihrem Mann schließlich ungerührt, daß sie einen neuen Freund habe, dessen Namen sie jedoch nicht preisgibt. Sie speist Louis damit ab, „quelqu'un" kennengelernt zu haben: eine verharmlosende, dümmliche Zumutung, die ihn zusätzlich in Rage versetzt („Quoi qu'il puisse lui arriver, elle n'envisage pas une seconde sa part de responsabilité", 70). Die anfangs eher als Hilferuf oder als masochistisch zu begreifende Aufforderung des Ehemannes an die Ehefrau, das gemeinsame Haus zu verlassen, nimmt schließlich bedrohliche Züge an, so daß Madeleine am Ende tatsächlich geht.

Die schäbige Entpathetisierung und Trivialisierung der Auflösung einer wie auch immer gearteten ehelichen Gemeinschaft im Zeichen des banalen „quelqu'un" ist für den Erzähler Zeichen einer Entfremdung, in deren Rahmen er bereits die vorweggenommene Zukunft bewertet, so daß alles nachträglich im Zeichen des Vorbei steht, obwohl es angeblich zuvor synchron mit den Ereignissen notiert worden war:

"Le temps passe. Et qui saura que jadis elle quitta son foyer parce qu'elle aimait 'quelqu'un'? Personne, sinon moi." (192)

Der Leser nimmt dieses letzte Wort des Textes, so voller Wissen und voller Resignation, nicht ohne Erschütterung zur Kenntnis. Das *Journal écrit en hiver*, verhangen und sonnenlos wie die Jahreszeit seiner Entstehung, ist eine ebenso schonungslose wie hervorragende frühe Präsentation von *Szenen einer Ehe* (Film von Ingmar Bergman, 1973).

Auch in *Le Piège*, dem ersten der drei Bove-Romane zum Thema der düsteren vierziger Jahre, spielt die Ehefrau eine unheilvolle Rolle. Der Protagonist möchte das Land verlassen und sich de Gaulle anschließen. Um ausreisen zu können, benötigt er jedoch die entsprechenden Papiere. Es versteht sich von selbst, daß er der Vichy-Administration seine wahren Absichten nicht offenbaren kann. Doch im generellen Klima von Angst, Kollaboration, Verstellung, Denunziation und Verrat ist es nahezu unmöglich, zu erkennen, wer Freund, wer Feind ist. Vorsichtsmaßnahmen, Lügen und Maskeraden des Protagonisten führen daher immer tiefer ins Unglück. Nur die Ehefrau scheint den Kopf nicht zu verlieren. Immer wieder muntert sie den Unglücklichen auf und läßt ihre Verbindungen noch dann spielen, als ihr Mann bereits hinter Gefängnismauern verschwunden ist. Doch gerade ihre undifferenzierte Geschäftigkeit, ihre leichtfertige Vertrauensseligkeit und die damit verbundene Fehleinschätzung der realen Lage beschleunigen das Funktionieren der tödlichen Maschinerie, die den Mann schließlich zermalmt. Das Engagement seiner Frau ist daher nicht nur vergeblich, es liefert vermutlich sogar das Opfer endgültig an seine Häscher aus. Dem Leser drängt sich der Eindruck auf, der Ehefrau sei womöglich in Wahrheit gar nicht an der Rettung des Verfolgten gelegen. Über diesem Handlungsstrang von *Le Piège* könnte als Motto stehen, was der Gehetzte in *Non-lieu*, dem dritten der Kriegsromane, formuliert: „Rien n'est pire que d'être attaché à une femme dans les grandes cicrconstances de la vie." (*Départ dans la nuit* suivi de *Non-lieu*, 1988, 201) Und obwohl in *Non-lieu*, der Fortsetzung von *Départ dans la Nuit*, Frauen ihm, dem durch einen Gewaltakt Entkommenen, immer wieder in aller Ahnungslosigkeit Unterschlupf gewähren und obwohl ihm in Ghislaine sogar noch einmal eine letzte Liebe zuteil wird, bleiben solche Beziehungen problematisch: Entweder ist die weibliche Naivität in Zeiten der Verfolgung ein angstmachender Faktor, oder man weiß nicht, ob man den Freundinnen der Freunde (Roberts Lucienne) trauen darf, oder man leidet am zermürbenden Mitleiden der Geliebten (Ghislaine).

Zu den großen und in Klima und Handlungsverlauf typischen Werken der Frühphase gehört *L'Amour de Pierre Neuhart* (1928). Der titelgebende Protagonist, anders als der Tagebuchschreiber des tristen Winters in der dritten Person auftretend, teilt mit diesem das Schicksal einer herben Desillusion in Sachen Liebe. Während einer Soirée bei Madame Aspi („Car, de tout temps, il avait rêvé de distinction, de bonnes manières, de réceptions", 1986, 15) fällt dem nicht mehr ganz jungen Träumer Neuhart, dem seine prosaische Tätigkeit im Bauwesen verhaßt ist, das 17jährige Mädchen Éliane auf. Fasziniert und übernervös zugleich begleitet er sie nach Hause. Sie verschweigt ihm ihre armselige private Situation, die dem Leser bei einem Perspektivewechsel vorgeführt wird: Die Mutter kompensiert nach dem Tode des lebenslustigen Vaters ihre Verbitterung durch die Anschaffung nutzlosen Krams, mit dem die im übrigen vernachlässigte Wohnung vollgestopft wird: ein ‚Heim', in dem ein junges Mädchen sich nicht zuhause fühlen kann. Für Pierre Neuhart ist diese Begegnung, diese unerwartete Liebe seines Lebens, ein Glück, das ihn völlig verändert, ihn die frühere Sehnsucht nach vornehmem Umgang in der Gesellschaft gänzlich vergessen läßt und zwischen ihm und dem Rest der Welt gläserne Mauern aufbaut, hinter denen nur er und Éliane beisammen sind:

"Il avait comme la sensation que plus personne ne s'occupait de lui, ne le voyait même, comme si le bonheur l'avait rendu transparent, léger, indifférent à l'humanité entière. Il y avait une distance nouvelle entre chaque être et lui." (53)

Éliane scheint solche Ausschließlichkeitsmpfindungen von Anfang an nicht zu teilen, auch wenn sie, nervös zwar, zunächst brav zu jedem Rendez-vous erscheint. Er überhäuft sie mit Geschenken, leidet, wenn sie sich nur eine Minute verspätet, lädt sie zu sich ein und nimmt sie schließlich in sein Haus auf, das sie, freilich ohne Enthusiasmus, der tristen mütterlichen Behausung vorzieht. Während Éliane ihm die ganze Welt bedeutet, wird Pierre Neuhart ihr in seiner aufdringlichen Liebe (draußen von ihm geküßt zu werden, erfüllt sie mit Wut und Abscheu) mehr und mehr zu einer Last, die sie abwerfen möchte. In Analogie zum Verhalten ihrer Mutter, aber mit ganz anderem Aufwand, stürzt sie sich in das Abenteuer sinnlosen Geldausgebens. Es macht ihm nichts aus: Er liebt ihre Ausbrüche, ihre Lügen, ihre Verschwendung. Von ihren Gefühlen ahnt er lange nichts:

"Mais le plus curieux était que jamais il ne lui venait à l'esprit qu'elle ne l'aimait pas. Il ne lui demandait pas plus qu'à un oiseau." (76)

Erst allmählich wird seine sklavische Ergebenheit von Mißtrauen und Eifersucht überlagert, da Éliane ständig gereizt ist, ihn stundenlang nicht sehen will, ihm mit Trotz und Verachtung begegnet, seine Sehnsüchte weder kennt noch teilt. Eines Tages folgt er ihr und sieht sie in die prosaische und dubiose Welt einer Bar eintreten. Sein Glück bricht zusammen; die Peripetie ist grausam. Alles, was er für sie getan hat und zu tun bereit war, zieht vor dem Auge seines Geistes vorüber, und mit einem Mal verliert Éliane nicht nur ihren Glanz, sie beginnt ihn sogar mit demselben „dégoût" (95) zu erfüllen, den er im allgemeinen in seinem ängstlichen Zartgefühl für „le corps d'autrui" (95) empfindet. Er ahnt die Wahrheit, daß sie nämlich von Anfang an nur darauf aus war, ihn zu benutzen, um ihn wieder loszuwerden. Er überrascht sie mit einem jungen Mann. Seine Tränen, seine Verzweiflung sind ihr lästig: „Son chagrin était à l'image de son amour. Comme ce dernier, il était laid, brutal, abondant." (101) Sie hat nicht die geringste Ahnung von der Kategorie des Absoluten. Nach der unvermeidlichen Trennung trägt sich Pierre Neuhart mit Selbstmordgedanken. Fünf Jahre später ist er völlig heruntergekommen (wie so viele Bove-Figuren), ohne Stellung, ohne Geld, allein und elend. Aus tristen Träumereien reißt ihn die zufällige reale Begegnung mit der verlorenen Geliebten. Sie ist nicht mehr jung und ängstlich, sie hält sich für patent und tüchtig: Sie weiß nicht, was sie durch die Praxis ihres mittelmäßigen Lebens verloren hat. Mit dieser Frau, die ihn für immer in den Abgrund gestürzt hat, verbindet ihn nichts, nicht einmal Mitleid. Ihre entsetzliche Dumpfheit und Ahnungslosigkeit manifestiert sich in ihrer Schlußbemerkung (die in ihrer Inadäquatheit fatal an das „quelqu'un" des *Journal* erinnert):

"Mais vous ne m'avez pas dit si vous pensiez quelquefois à moi. Il faudra me le dire, la prochaine fois." (122)

Der Roman *Un Caractère de Femme*, der zu den großen nachgelassenen Manuskripten gehört und erst 1999 veröffentlicht wurde, entwirft ein ganz anderes, positives Frauenbild und erteilt eher dem Manne die schlechte Note. Die Protagonistin Colette bewegt sich in einer Liebesgeschichte, die von ihr nicht nur totale Hingabe, sondern auch Mut, Energie, planvolles Handeln verlangt. Colette liebt Jacques, der durch einen von Krieg und Kriegsverletzung ausgelösten Akt der Rache für den Tod seines Bruders zum Mörder geworden ist:

"Puisqu'elle avait choisi cet homme, ne devait-elle pas suivre son sort quoi qu'il eût fait? [...] Elle n'avait qu'à se donner à lui sans arrière-pensée, et essayer de lui faire retrouver son équilibre." (1999, 61)

Jahrelang versteckt Jacques sich mit Colette in Genf. Dabei geht es zunächst ums bloße Überleben, das von Colette gemeistert wird, obwohl der Geliebte immer mehr in Depressionen und Apathie verfällt, so daß auch Colettes Leben, ganz durch ihn und sein Schicksal absorbiert, selbst gleichsam getilgt wird („elle avait le regard fixe de ceux qui oublient qu'ils vivent", 73). Die äußerste finanzielle Misere zwingt Colette schließlich, mit Jacques nach Frankreich zurückzukehren, zunächst zu ihrer Mutter, deren Reaktionen die Tochter demütigen, dann zu seinen Eltern, die in ihrer moralischen Rigidität nur die Möglichkeit sehen, daß ihr Sohn sich den Behörden und der Gerechtigkeit stellt. Colette, die (zu?) vorbehaltlos Liebende, findet, er hätte nicht den öffentlichen Weg der Welt, sondern den geheimen der Liebe wählen müssen. Lange bleibt sie sogar ohne jede Nachricht von dem Menschen, dem sie ihre eigene Zukunft, ihre Position in der Gesellschaft, ihre Sehnsüchte geopfert hat. Auch und gerade nach Gerichtsprozeß und Freispruch nimmt die Gestalt des Geliebten zunehmend Züge nicht nur der Krankheit, des Wahns, sondern nun unleugbar sogar einer gewissen *mauvaise foi* an. Jacques konzentriert sich im Zeichen eines für manche Bove-Helden nicht untypischen Größenwahns geradezu manisch auf die Einzigartigkeit seiner Situation und seines daraus entstandenen oder unterstrichenen besonderen Wesens („un homme qui ne ressemblait pas aux autres", 151). Die präsente und durchaus reale und realistische Colette wird dabei zur Irrealität degradiert, zum „amour intérieur" (151), was immer der Egozentriker darunter verstehen mag. Schließlich verläßt ihn die große Liebende, weil sie im Grunde längst verlassen wurde. Oder sollte dieser geheimnisvolle Roman auch sagen wollen, daß selbst die ungewöhnlichste Liebe nicht so unbedingt ist, daß sie alles zu ertragen vermöchte?

Diverse (satirische) Bürgerportraits, das Auftauchen weiterer Frauen- und Mädchenfiguren reichern diese seltsame ‚Kriminalgeschichte' an, die zugleich das Hohelied der – unmöglichen – Liebe singt (und übrigens auch als Variation von Maupassants *Une Vie*, 1883, gelesen werden kann).

Auch der Roman *L'Impossible Amour* (1935), der in Buchform erstmalig 1994 veröffentlicht wurde, schildert eine positive Frauengestalt (Danièle Marondié) und ihre schwierige Liebe zu einem jungen Maler (Florent Maugas). Danièle ist einem Aristokraten versprochen, den sie jedoch nicht heiraten will. Deshalb verläßt sie ihr Elternhaus und lebt unter schwierigen Bedingungen zusammen mit dem Geliebten. Zunächst kommen beide unter bei einem seiner Freunde, der, verkrüppelt, vom Leben stiefmütterlich behandelt, einerseits Mitleid, andererseits wegen seiner Zudringlichkeit Abscheu hervorruft. Dieser Freund scheint auf den ersten Blick ein typischer Bove-Verlierer-Typ. Doch mangelt es ihm völlig an jener *délicatesse*, die sonst auch noch die heruntergekommenen Protagonisten und ihresgleichen zu charakterisieren pflegt. Auch die Mutter des jungen Malers ist ohne jedes Feingefühl und will die ‚unmoralische' Liebe der beiden lediglich zu Erpressungszwecken bei den reichen Eltern des Mädchens nutzen. Nach diversen Wechselfällen ist Danièle zur Heirat mit dem ungeliebten Adligen gezwungen, weil sie, was die Betroffenen erst jetzt erfahren, (angeblich) die Schwester des Geliebten ist. Als sich herausstellt, daß Florent Maugas in Wahrheit nicht der Sohn der unmöglichen ‚Mutter' und nicht der Bruder der Geliebten ist, daß sein Vater und damit er selbst Angehöriger des Adels, er also der Geliebten und ihren arroganten Eltern sozial ebenbürtig ist, beschließt Danièle, sich scheiden zu lassen und den Geliebten zu heiraten, dem sie tapfer durch alle Irrungen und Wirrungen gefolgt war, bis ein vermeintlich düsteres Schicksal, das dem Leser aus der Tradition des *drame bourgeois* und des Populärromans geläufig ist, ihrem ausdauernden Mut vorläufig ein Ende bereitet hatte: Nun wird sie am Ende für ihre Tapferkeit und die Kraft ihrer Liebe doch noch belohnt.

Sicher, auch das ist ein Gegenbeispiel zur behaupteten Misogynie des Autors. Aber auf die Veröffentlichung hätte man dennoch verzichten sollen. Soviel an naiven Peripetien und Anagnorisis-Momenten, eine so dick aufgetragene *deus-ex-machina*-Strategie, überfordern die Geduld des treuesten Bove-Anhängers. Auch wenn Bove zum Zeitpunkt der Entstehung dieses Textes bereits ein etablierter Autor war, gewinnt man bei der Lektüre eher den Eindruck, hier handle es sich um eine Arbeit, die unter finanziellen Zwängen entstanden ist, nicht um ein wirkliches Kunstwerk, zu dem sich der Autor gern und vorbehaltlos bekannt hätte.

Stiefsohn und Stiefmutter

1934 erscheint der umfangreiche Roman *Le Beau-fils*, dessen Protagonist, Jean-Noël Œtlinger, als junger Mensch eine Vita durchläuft, deren Ähnlichkeiten mit der Biographie des Autors trotz aller Verfremdungen auf der Hand liegen: Wie sein Held hat auch Bove nach der Trennung seiner Eltern beim Vater und dessen Frau gelebt und sich innerlich von der Herkunftsfamilie zu lösen versucht, ohne daß ihm die permanenten finanziellen Beanspruchungen durch Mutter und Bruder dies erlaubt hätten.

Der Protagonist des Romans knüpft nach dem Tode des Vaters, dessen Ehe mit der vornehmen und feinfühligen Annie Villemur de Falais von deren Familie so ungern gesehen wurde, daß der Tochter zwar die Mitgift ausgezahlt wird, es aber im übrigen zum Bruch kommt, enge Kontakte zu einer Reihe von Frauen, die in seinem Leben in Wahrheit eher unwichtige, unglückliche oder sogar verhängnisvolle Rollen spielen werden. Schon der Titel des Romans deutet an, daß die einzig wirklich zählende Relation die zur Stiefmutter ist und bleibt, daß sich das Kind, der Jugendliche, der Erwachsene stets durch seine bewundernde Liebe zu Annie definieren wird.

Die frühe Ehe mit Marguerite, die ihm eine Tochter gebiert, empfindet der junge Mann bald als Desaster, als etwas, das mit ihm nichts zu tun hat:

"De temps en temps Jean-Noël pensait à Marguerite. Il la voyait étendue sur son lit, cependant que sa fille pleurait. Cela lui faisait l'effet d'une scène d'hôpital et bien vite il pensait à autre chose." (2000, 85)

Er verläßt Marguerite und heiratet nach einer komplizierten Scheidungsgeschichte Odile Wurtzel, deren Familienname schon den Geruch des Lächerlichen hat, vergleicht man ihn etwa mit dem wohlklingenden Namen Villemur de Falais. Odile muß nicht nur der Ehefrau Marguerite trotzen, sondern auch noch die Loslösung ihres zukünftigen Ehemannes von seiner langjährigen Geliebten Laure (der noch verheirateten Madame Mourier) abwarten. Laure, die den Geliebten nicht ohne Generosität ausgehalten hat, kommt dem Bruch durch die freiwillige Verabschiedung des Geliebten zuvor. Nach dem Abbruch seines Jurastudiums und einer Zwischenphase als untergeordneter Mitarbeiter in einer Anwaltskanzlei tritt Jean-Noël in die Gerbereien des Schwiegervaters Wurtzel ein, während Annie, seine geliebte Stiefmutter, eine Zeitlang mit dem Gedanken an eine neue eheliche Verbindung spielt, bei genauerer Kenntnis des Partners jedoch diesen Zukunftsplan abrupt wieder verwirft.

In allen diesen Wirren hat der inzwischen 29jährige Protagonist nur einen einzigen Wunsch: Er möchte sein Leben an der Seite der Stiefmutter verbringen, der wahren Mutter seiner Seele, seiner Kinderjahre. Eine höchst abscheuliche Rolle dagegen spielt die leibliche Mutter, Ernestine Mercier, die für sich und ihren zweiten Sohn, Jean-Noëls jüngeren Bruder Émile, stets nur materielle Vorteile aus der ihrer Ansicht nach zu Unrecht erhöhten Situation des Erstgeborenen zu ziehen sucht. Daß Jean-Noël in Wahrheit selbst arm und auf das Wohlwollen anderer angewiesen ist, kümmert die lästigen und unempfindsamen Störenfriede nicht. Alles vermag Jean-Noël hingegen zu ertragen, solange ihn die Stiefmutter nicht verstößt, ihn in ihrer Nähe duldet:

"S'il avait supporté jusqu'à présent d'être tiraillé par Mme Mourier, Marguerite, Mme Mercier, n'était-ce pas parce qu'il avait eu l'espoir qu'Annie lui demanderait un jour de reprendre cette vie de jadis qu'il n'oubliait pas." (220)

Es wäre nun aber ganz und gar gegen den Geist des Romans, wenn man in der Liebe des Stiefsohnes zu seiner Stiefmutter verkappte – grobe und handfeste –

sexuelle Begierden entdecken wollte (wie sie etwa Mario Vargas Llosa im *Lob der Stiefmutter* feiert) (*Elogio de la madrastra*, 1988). Es geht hier vielmehr zum einen um die – Proust nicht unähnliche – Erinnerung an das Paradies der Kindheit:
"Jean-Noël songeait à son enfance car il était incapable de jouir d'un aspect de la vie sans le rapprocher de ceux qui l'avaient ému jadis." (377)

In diesem Sinne bedeuten ein Lächeln, ein Blick der Stiefmutter, Zeichen der in langen Jahren gewachsenen Komplizität, noch dem Erwachsenen mehr als die Gunst mühsam eroberter Frauen.

Zum anderen geht es um die Qualität des Lebens und der Lebenskonzeption, wie sie in Annie verkörpert ist. Darin spielen das Streben nach Geld und Besitz eine untergeordnete Rolle. Zwar hat Annie nie Not im eigentlichen Sinne kennengelernt, aber sie mußte sich doch in ihrer Ehe mit Jean-Melchior Œtlinger, dem Vater des Protagonisten (in den Worten ihrer wenig begeisterten Familie „un petit Alsacien malade, sans fortune, déjà père d'un enfant", 23), weitaus stärker einschränken, als sie es von ihrer Herkunft her gewohnt war. Das aber machte ihr nichts aus, denn sie liebte Jean-Melchior, und sie liebte ihre Malerei – als Studenten der Beaux-Arts hatten sie sich in Paris kennengelernt –, und sie liebte die Sonne Nizzas, unter der die Eheleute mit dem Sohn des geliebten Mannes ihre Heimstätte aufgeschlagen hatten. Jean-Noël bewundert diese Frau, deren Stimme nie laut wird, der das Feilschen um materielle Vorteile fremd ist, kurz, die anders ist als Mutter, Ehefrauen, Geliebte des Protagonisten. („Elle était différente!" 230) Wenn der Glanz der Familie Villemur, in der Annie aufgezogen worden war und ihren selbstverständlichen Sinn für Schönheit entwickelt hatte, die Umgebung Jean-Noëls nicht immer genügend beeindruckt, so fühlt sich der Stiefsohn gekränkt, und zwar nicht seinetwegen, sondern der Stiefmutter wegen. An ihren Maßstäben orientiert er sich. Ruft sie nach ihm, so bedeutet ihm selbst die soeben nach unendlichen Komplikationen geschlossene Ehe mit Odile Wurtzel nichts; er verläßt sie ohne die geringsten Skrupel. Es wäre ihm elend zumute, wenn Annie wirklich denken könnte, er liebe seine Frau und seine Tätigkeit in der Firma ihres Vaters. Rücksichtsvoll sucht Annie, der diese ganze Welt zuwider ist und die ihre Verachtung nur mühsam verbergen kann, die neuerliche Heirat des Stiefsohnes zunächst mit dessen Verliebtheit, für die er schließlich nicht verantwortlich wäre, zu entschuldigen. In Wahrheit wissen beide, und sie sprechen es schließlich auch aus, daß Liebe nicht im Spiel sein kann, handelt es sich doch bei Odile Wurtzel und ihre Familie um „gens sans intérêt" (277, 306), die nur eine kleine bürgerliche Existenz problemlosen Wohlergehens kennen und kennen wollen und ihr Leben nicht höheren geistigen Ansprüchen zu widmen gedenken, wie es Jean-Noël doch eigentlich im Sinne seines verstorbenen Vaters, dessen idealistische Ansprüche freilich – ähnlich wie beim realen Vater Emmanuel Boves – mit einer eher dubiosen Lebensführung in seltsamem Mißklang stehen, und im Sinne seiner Stiefmutter tun sollte.

Zermürbt von den Belästigungen aus Jean-Noëls Vergangenheit (Madame Mercier, Madame Mourier, Odile Wurtzel) und den Nachstellungen des abgewiesenen Bewerbers bricht Annie schließlich mit dieser Welt und flieht nach Italien, um sich ganz ihrer Kunst zu widmen. In einem ebenso unsentimentalen wie freundschaftlichen Abschiedsbrief ermahnt sie den Stiefsohn, dem sie in ihrer Generosität für ein Jahr alle finanziellen Verpflichtungen aus dem Wege räumt, die neu gewonnene Freiheit zu nutzen, sich für ein Leben zu entscheiden, das seiner und des verstorbenen Vaters würdig wäre.

Der Schluß dieses Romans ist ambivalent, insofern der Brief, der noch einmal die schöne Seele der Schreiberin unverhüllt offenbart, zugleich auch die definitive Abwesenheit der geliebten Stiefmutter bekräftigt, das ersehnte Leben an ihrer Seite in den Bereich jener unrealisierbaren Imaginationen rückt, an denen auch dieser Bove-Roman wie die meisten seiner Werke reich ist.

Resignationsverbund Familie

Die Erzählung *Aftalion, Alexandre* (1928) eignet sich in besonderem Maße als Einstieg in die Welt des Emmanuel Bove (vgl. Bernard Frank in *Le Monde*, zitiert im Klappentext der Neuauflage von *La Mort de Dinah*). Sie enthält keine spektakulären Aktionen, arbeitet nicht mit dem Entgleiten ins Phantastische und verzichtet auf schwindelerregende, der Wahrscheinlichkeit bisweilen trotzende Peripetien. Trotzdem (oder gerade deswegen) gelingt es dem Autor hier, auf knappem Raum sein Weltbild der Entbehrung, der Tristesse, überzeugend zu entwerfen.

Der Protagonist der Erzählung ist ein schlichter, unvermögender junger Mann aus Sofia, der sich nach einem intensiven, höheren Leben sehnt, das er in seiner Vorstellung mit der Stadt Paris verbindet. Er trifft auf einen ungewöhnlichen älteren ‚Freund' namens Stéphane Baumgartner, einen eigenartigen ‚Philosophen', der die Sehnsüchte des Jungen zu verstehen scheint und seinen Idealismus und seine Empfindsamkeit steigert und fördert. Ihn akzeptiert Alexandre Aftalion als seinen „maître", von dem er sich Erhellung des eigenen Weges erhofft. Für den Protagonisten steht es außer Frage, daß dieser Weg ihn letztlich zur Gelehrsamkeit, zur Weisheit der Bücherwelt, führen wird. Doch dieser scheinbar positive Ausgangspunkt erweist sich bald als illusorisch; die ersehnte Zukunft ist eine Fata Morgana, die sich mehr und mehr in nichts auflöst. Die Sehnsucht hat wie so oft bei Bove nicht den Stellenwert einer aktiven Energie, sondern ist eher eine *idée fixe*, die sich nicht mit einer Lebensrealität verbindet.

Zunächst gelingt es Alexandre Aftalion, sich mit kleinen Gelegenheitsarbeiten über Wasser zu halten. Dann jedoch verführt ihn seine Sehnsucht zu einem Betrug, der eher ein Selbstbetrug ist und ihn von den Gipfeln des Traumes unsanft auf den Boden der Tatsachen stürzen läßt: Er gibt sich als Ingenieur aus, ohne dafür qualifiziert zu sein:
"Un jour pourtant, l'orgueil lui fit faire une gaffe dont il sortit tout meurtri et qui le rendit aussi modeste que par le passé." (1999, 21)

Nun kommt zur gesellschaftlichen Armseligkeit seiner Situation auch noch die individuelle Lächerlichkeit als Makel hinzu. Daß er in Paris im Bildhaueratelier Loukomsky die Bekanntschaft der jungen Louise macht, ist ein unvorhersehbarer Zufall, den man zunächst als Glücksperipetie ansehen möchte. Doch, und hiermit beginnt die resignative Familiengeschichte: dieser Zufall ist sogleich von enttäuschendem Grau überschattet. Alexandre wagt Louise nicht das Ausmaß seiner materiellen Misere einzugestehen, weil er Angst hat, sie durch die eindeutige Offenbarung der Wahrheit zu verlieren; sie, die seine Situation nicht wirklich verkennt, ist nicht unbarmherzig und selbstbewußt genug, ihn abzuweisen, wartet aber auf einen deutlichen Fehler seinerseits, um sich seiner entledigen zu können. Der Beginn der Gemeinsamkeit, zu der es schließlich doch kommt, steht also sofort im Zeichen des Zurücksteckens von Erwartungen an sich selbst und an den anderen. Während Alexandre von einem höheren geistigen Leben träumt, das ihm versagt bleibt, tröstet sich Louise als eine Art Emma Bovary – erfolglos – mit dem Gedanken an „une vie raffinée" (42). Trotz dieser Fremdheit, und auch das ist charakteristisch für Boves Welt, gibt es Liebe: nicht als Leidenschaft oder totales Miteinander, sondern, wie es der Autor mit Bezug auf Louises Gefühl für Alexandre formuliert: „un grand amour fait de pitié" (45). In diesem Mitleid erweist sich der andere als Spiegel der eigenen Trauer, einer Traurigkeit, die Generationen miteinander verbindet und von einander trennt, wie es der Blick demonstriert, den der Sohn Nicolas mit „grande pitié pour son père" (49) unbemerkt auf die ungleichen Eltern wirft. Der Leser erkennt, daß es sich bei den anskizzierten und mit vielen Leerstellen versehenen Werdegängen um Glieder einer im Prinzip unendlichen Abfolge von Desillusionen handelt.

Die Erzählung trug ursprünglich den Titel *La Coalition*, der später für den umfangreichen Roman (1927) reserviert wurde. Es gibt jedoch durchaus Berührungspunkte zwischen den beiden Werken: Die Erzählung ist gleichsam die verselbständigte Vorfabel der ausführlichen Untergangsgeschichte, in der Louise und Nicolas nach dem Tode Alexandres die Hauptrollen übernehmen, sich gegenseitig sowohl stützend als auch definitiv in den Abgrund ziehend.

Eine Abendgesellschaft

Der Protagonist des Romans *Un Soir chez Blutel* erscheint als eine typische Bove-Figur. Fünf Jahre nach Ableistung seines Militärdienstes, der ihn aus der Bahn geworfen hat, kehrt Maxime aus Wien zurück, lernt im Wartesaal die Prostituierte Madeleine kennen, mit der er sich zusammentut, weil sie sich immerhin unauffällig benehmen kann und er ohnehin vom Leben nicht viel erwartet. Ohne Madeleine besucht Maxime eine Abendgesellschaft, zu der ihn der zufällig wiedergetroffene ‚Freund‘, der Arzt Blutel, eingeladen hat. Für Blutel sind derartige Abende Beweise, daß er es im Leben zu etwas gebracht hat: „Cette soirée, comme le bal, le théâtre, était pour Blutel le côté réussite de la vie." (1984, 45) Dem Autor gibt diese Ausgangssituation die Gelegenheit, eine Reihe von Portraits zu entwerfen, die als Ganzes so etwas wie ein satirisches Gegenstück zu den raffinierten Proustschen Salons bildet. Insofern hat man diesen Text auch als eher untypisch für Bove angesehen und es bedauert, daß er sich auf eine Ebene begeben habe, die im Grunde nicht die seine sei.

Eigentlich erhofft sich der Protagonist von diesem Abend (in Aussicht gestellte) Kontakte mit Menschen, die ihm in seiner Notlage weiterhelfen könnten. Doch zu einer solchen Hilfestellung kommt es nicht. In Wahrheit ist jeder in dieser Gesellschaft nur an sich interessiert. Alle scheinen sich mit der Mittelmäßigkeit ihrer Existenz abgefunden zu haben, während Maxime, dem es objektiv am schlechtesten geht, noch voller Sehnsüchte und Erwartungen ist:

"Ils avaient accepté la vie telle qu'elle était. À côté d'eux, Maxime eut l'impression d'être un enfant assoiffé de désirs et d'ambitions." (141)

Das erste Portrait ist Geneviève, Blutels Geliebter, gewidmet. Sie ist ganz und gar auf den Mann, auf diesen Mann, fixiert und erscheint dem Beobachter daher als Verräterin an ihrem eigenen Geschlecht: „Elle était arrivée à ne vivre que pour l'homme, à n'aimer que ce qui pouvait lui plaire." (52) Die Komik des Portraits kommt durch die Eifersucht Genevièves zustande, die allerlei Verrenkungen verübt, um diese Eifersucht zu kaschieren. Fast alle Figuren sind auch Beispiele für *mauvaise foi*, so der Zahnarzt Demongeot mit der propagierten Toleranz und Nachsicht, unter denen sich Unruhe und Neid verbergen, die sentimentale Madame Berville, die ihre Vergangenheit, insbesondere Gestalt, Leben und Tod des Ehemannes, verklärt („C'était la mort qu'elle avait imaginée de l'homme qui l'eût adorée qu'elle racontait", 73), Monsieur Gibelin, der pariserisch auftretende Self-made-man, der seinen relativen Erfolg letztlich nicht seiner Tüchtigkeit, sondern der Heirat mit der Witwe seines Chefs verdankt, Marcel Collet, der die unerträgliche Tyrannei seiner eifersüchtigen Frau als schmeichelhaft uminterpretiert und es auf diese Weise fertigbringt, von seinen früheren Träumen, in denen er noch etwas vom Bove-Helden nach dem Herzen des Autors an sich hatte, Abschied zu nehmen.

Die Strategie dieses Romans, *caractères* aus der Beobachterperspektive entstehen zu lassen, diese Perspektive dann jedoch aufzugeben und völlig auktorial Viten zu entwerfen, die für den Beobachter nicht zugänglich sind, wird ohne lange Rechtfertigungen eingeführt und durchgehalten und läßt die Erzählform mindestens als problematisch erscheinen. (Die souveräne Indifferenz und Freiheit des Autors gegenüber gängigen Konventionen der *écriture* zeigt sich permanent, so daß es eher wie Selbstironie wirken muß, wenn er in *Le Pressentiment* den Leser ausnahmsweise um Pardon bittet, bevor er die Erzählchronologie durchbricht und sich einen Rückgriff auf das frühere Leben seines Protagonisten erlaubt.) In *Un Soir chez Blutel* gehen die Perspektivewechsel von der Jetzt-Welt der Abendgesellschaft zu Vergangenheit, Erlebnissen und Sehnsüchten des mehr und mehr ins Abseits gestellten Protagonisten Maxime dem Autor allzu leicht von der Hand und sprengen die Einheitlichkeit einer Ausgangssituation, von der Bove erst am Schluß wieder zur prekären Zweisamkeit Maxime-Madeleine zurückkehrt. Daß die Zweisamkeit von Fremdheitsempfindungen und Resignation durchzogen ist, versteht sich bei diesem Autor von selbst. Maximes Resümee, durch Sinnlosigkeit und Leere der Abendgesellschaft profiliert und zu Tage gefördert, ist alles andere als hoffnungsfroh:

"La vie, en laquelle il avait tant espéré, ne lui apportait rien. Jusqu'à présent, il avait inconsciemment attendu le jour où il dirait: 'Ma vie est manquée.' Chaque année, il l'avait reculé sans effort. Mais pour la première fois, alors que Madeleine un instant distraite suivait des yeux le va-et-vient d'un garçon, il sentit tout d'un coup que ce jour était arrivé." (142)

Während Maxime zunächst, trotz ihres irritierenden und enttäuschenden Charakters, an der Auflösung der Abendgesellschaft und seiner erneuten Nicht-Zugehörigkeit leidet, auch die Misere seines Außenseitertums und die Armseligkeit seiner Gefährtin vor den anderen ängstlich durch kleine Fluchten verbergen möchte, ist Madeleine nur an Person und Gegenwart Maximes interessiert, nicht an seiner Vergangenheit und seinem ihr selbst natürlich nicht bewußten Scheitern. Sie ist die Figur des Erzählungsanfangs, durch die sich die Abendgesellschaft als überholt und überholbar erweist: Insofern könnte man sie als eine positive Figur zukunftsweisender Tapferkeit verstehen. Allerdings: wie diese Zukunft aussehen könnte, darüber wissen der Autor und seine Gestalten nichts zu sagen. Der seltsame Roman leistet sich ein offenes Ende.

Anders verfährt Bove in dem kurzen Roman *Cœurs et Visages* (1928), in dem ein Bankett im Hôtel Gallia beschrieben wird, dessen Teilnehmer sich am Schluß zu einem Gruppenbild formieren. Die Photographie hält mindestens die „visages" fest, während sich die „cœurs" im Verlauf des Abends nicht oder nur halbherzig offenbaren, sofern sich der Erzähler nicht auktorial in ihr Inneres einmischt, was in diesem Text zwar auch der Fall ist, aber längst nicht so ausufernd wie in *Un Soir chez Blutel*. Anlaß für das vom Schuhfabrikanten André Poitou veranstaltete Bankett ist seine kürzliche Aufnahme in die Ehrenlegion. Unter seinen Gästen befinden sich neben Verwandten, Freunden und Bekannten einige wirkliche oder vermeintliche Prominente, so der Innungspräsident Monsieur Dumesnil, der Senator Marchesseau, die alle Welt nervende Witwe des Generals Wegener, die berühmte Sängerin Yvonne Stella. Bei der Beschreibung des Abends zeigt der Autor insbesondere die Gruppenbildungen auf, die durch die offene oder verdeckte Annäherung der weniger Prominenten, unter ihnen auch notgedrungen geduldete Firmenangestellte, an den Innungspräsidenten und den Senator zustande kommen. Dabei werden nicht ohne satirische Seitenhiebe Strategien der Selbst- und Fremdtäuschung, Versuche der Zugehörigkeit und der Abweisung Störender in einer Deutlichkeit offengelegt, die auf Nathalie Sarraute vorausweist. Es versteht sich bei diesem skeptischen Autor von selbst, daß wahre Freundschaften, aufrichtige Gefühle, echte Herzlichkeit, so sehr auch der Begriff „cœurs" immer wieder von den Figuren bemüht wird, kaum vorkommen. Wirklich gerührt ist nur der Geehrte selbst, aber wie wenig er seine wahre Bedeutung (bzw. Bedeutungslosigkeit) einzuschätzen vermag, zeigt sich in den Dankesworten, mit denen er auf die in Klischees verharrenden Lobreden des Innungspräsidenten und des Senators antwortet. Abschließend, als handle es sich bei diesem eigentlich nur für ihn wichtigen Abend um ein objektiv außergewöhnliches Ereignis, stellt er fest: „Demain la vie continuera et on pourra dire plus tard: ‚Vous rappelez-vous le banquet de l'hôtel Gallia?'" (2002, 149) (Auf dem Klappentext der Neuauflage werden Boves – unsystematisch anti-bürgerliche – Demaskierungstendenzen mit Flauberts *Dictionnaire des idées reçues*, 1911, in Verbindung gebracht.)

Auch im Roman *Un Célibataire* (1932) spielt eine Soirée eine zentrale, die Peripetie vorbereitende Rolle. Zum Empfang im Grand Hôtel von Nizza sind auch der Protagonist Albert Guittard geladen, ein älterer Junggeselle, der sich aus der aktiven Tätigkeit des Großindustriellen verabschiedet hat und sich nun nur noch der Damenwelt zu widmen gedenkt, sowie das mit ihm befreundete Ehepaar Penner und Madame Brigitte Tierbach, Gattin eines deutschen Arztes, die von ihrem Mann ihrer fragilen Gesundheit wegen nach Nizza geschickt worden ist. Guittard war ursprünglich in Madame Penner verliebt, findet nun aber auch die schöne Madame Tierbach begehrenswert. Monsieur und Madame Penner haben den – weniger empfindsamen als empfindlichen – Helden durch einen echten oder vermeintlichen Vertrauensbruch enttäuscht, in dem er die Eheleute als geschlossene Phalanx wahrnimmt, die intime Freundschaft mit ihm lediglich vortäuscht, ihn in Wahrheit jedoch als Außenseiter behandelt und dadurch zur komischen Figur degradiert. Bei dem festlichen Abend will er sich rächen, indem er sich als Eroberer von Frauenherzen aufspielt, der sich im entscheidenden Augenblick der Nähe zynisch zurückzuziehen versteht und die potentielle Geliebte, wer immer es auch sein würde, abweist. Da aber niemand daran denkt, aus der Position der Freundschaft in die der Intimität überzuwechseln, verpuffen seine Bestrafungsstrategien im Leeren. Die Künstlerin Winnie Albermarle, die er eingeladen hatte, um seine eigene Bedeutung durch ihre Anwesenheit zu unterstreichen, ist durch Krankheit verhindert und mißversteht die manipulative ‚Herzlichkeit' seines Schreibens als aufrichtiges Liebesangebot, auf das sie entsprechend enthusiastisch reagiert. Der an anderen Fronten zur Ohnmacht verurteilte Held begibt sich daraufhin an ihr Krankenlager und macht die häßliche Freundin, die zu lieben ihm stets unmöglich schien, zu seiner Dauergeliebten. Nicht lieben zu dürfen, ist jetzt sein Ziel, sondern geliebt zu werden, im Zentrum seines – in Wahrheit recht kleinen – Kreises zu stehen und darin Genugtuung zu finden, alle Kränkungen und Demütigungen von nun an großzügig auf sich beruhen zu lassen, weil ihm nichts mehr passieren kann.

Anders als in *Un Soir chez Blutel* und *Cœurs et Visages* geht es in diesem Roman weniger um die Konfrontation eines mehr oder minder prominenten oder kompetenten Beobachters (der in erster Linie durch die auktoriale Einmischung des Erzählers zustande kommt) mit einer satirisch denunzierten Gesellschaft, sondern um die inneren Wellenbewegungen einer durchschnittlichen Männerpsyche, die letztlich allein darauf setzt, im sentimentalen Bereich nicht als Verlierer dazustehen. Daher ist die Entscheidung für Winnie Albermarle keine echte Glücksperipetie, sondern eine aus Resignation geborene Machtansage an die schnöde Welt. Daß die dafür genutzte und benutzte Frau sich und ihm Glück vielleicht auch nur vorspielt, ohne daß dergleichen dem egozentrischen Protagonisten je in den Sinn käme, könnte eine kleine ambivalente Schlußsequenz (Sehnsuchtsblick der Frau auf ein junges verliebtes Paar) nahelegen. Wenn also hier jemand durch den Autor denunziert wird, ist es, bei allem milden Verständnis für seine Schwächen und Enttäuschungen, im Grunde der Protagonist selbst, der die menschliche Komödie der fortdauernden sentimentalen Abendgesellschaft für seine Zwecke umdeutet und umfunktioniert.

Hilfesuchende und Helfer

Zu diesem Titel ist zunächst ein kleiner präzisierender Kommentar erforderlich, denn eigentlich sind alle Bove-Figuren ständig auf der Suche nach einer helfenden Hand, die sich ihnen in ihrer Verlassenheit, ihren Enttäuschungen und Erniedrigungen entgegenstrecken und sie gleichsam von sich selbst und der Welt erlösen würde. Aber es gibt Sachverhalte, in denen aus dieser latenten Grundbefindlichkeit ganz konkrete Notsituationen werden, in denen sich das generelle Universum der existentiell Zukurzgekommenen doch noch in zwei Lager aufspalten kann, die einander auf Grund ihrer materiellen Beschaffenheit opponiert sind. Jetzt geht es nicht mehr nur um Tröstungen, jetzt sind Menschen auf Menschen angewiesen, um einfach nur überleben zu können.

Das ergreifendste Beispiel für eine derartige Konstellation bietet der Roman *La Mort de Dinah* (erstmalig veröffentlicht 1928, 1932 in einer überarbeiteten Fassung erschienen, die der Neuauflage des Jahres 1992 zugrundeliegt). Innerhalb der Serie melancholischer Bestandsaufnahmen von Niedergang und Verlust stellt dieses schmale Werk zweifellos einen geradezu tragischen Höhepunkt dar. Die Tragödie liegt nicht nur in der absehbaren Unausweichlichkeit des Endes, eben des Todes der kleinen Dinah, sondern auch und wieder einmal und diesmal eben mit besonders schrecklichen Folgen in der unaufhebbaren Fremdheit zwischen den Menschen, der Unfähigkeit selbst prinzipiell Wohlmeinender, von den eigenen echten oder vermeintlichen Enttäuschungen abzusehen und die Situation des anderen wirklich zur Kenntnis zu nehmen.

Der Roman beginnt mit dem Augenblick, in dem sich der 47jährige Jean Michelez seinem Haus am Boulevard de Neuilly nähert, und endet mit dem Tod der kleinen Nachbarin des Protagonisten. Entsprechend der von Bove häufig angewandten Erzähltechnik dienen ausführliche auktoriale Einschübe dem Überblick über die Viten der Betroffenen. Michelez ist ein wohlhabender Bauunternehmer, der jedoch den ursprünglichen Traum, als bedeutender Architekt Ruhm zu ernten, begraben mußte. Am Anfang seines Weges wurde er durch den skrupellosen Bruder bestohlen und beinahe schon vor allen weiteren Entwicklungsmöglichkeiten ruiniert. Bald ist sein existentielles Grundgefühl bestimmt durch den Eindruck, von aller Welt hintergangen, nicht wirklich geliebt zu werden. Zwar hat er es zu einem perfekt ausgedachten und konstruierten Haus sowie – in einer Vernunftehe – zu Frau und zwei Kindern gebracht, aber Mißtrauen und Misanthropie verlassen ihn nicht. Die zweite Lebensgeschichte betrifft seine in einem kleinen Gartenhaus lebende schöne und vornehme Nachbarin Madame Auriol, eine Engländerin (Engländerinnen spielen mehrfach positive Rollen bei Bove, siehe *Un Célibataire*), die sich in einen jungen übermütigen Franzosen verliebt hat, den ihr der Erste Weltkrieg entreißt. Bei ihrer Schwester und derem Ehemann, dem Bruder des Gefallenen, findet sie ein vorläufiges Unterkommen, das durch die hemmungslose Spielsucht und die Wutausbrüche des Mannes so unerträglich wird, daß Madame Auriol mit ihrer kleinen kranken Tochter die Flucht ergreift und in das armselige und ungesunde Gartenhaus des schwerreichen Zynikers Dausset übersiedelt. Dinahs Arzt drängt darauf, das lungenkranke Mädchen in die Schweiz zu schicken, ein Plan, der immer wieder an der finanziellen Misere der liebenden und zutiefst unglücklichen Mutter scheitert. Die dramatische Verschlechterung im Zustand der Kranken veranlaßt Madame Auriol zur Unterdrückkung ihres natürlichen Feingefühls und zum Hilferuf bei ihrem Nachbarn Monsieur Michelez, der ihr von fern immer wie ein aufrechter und anständiger Mensch erschienen war. Doch in den Augen dessen, der sich geradezu wahnhaft als potentiell ausgenutzt versteht, verliert Madame Auriol durch ihre hilflos vorgetragene Bitte um materiellen Beistand jenen Glanz, den sie bisher in seinen Augen besaß. Erst der Zynismus des Schurken Dausset, der die Notlage der schönen Witwe für seine zweideutigen Absichten nutzen will, öffnet Michelez die Augen für die wahren Verhältnisse. In nachbarschaftlicher Freundlichkeit kümmert er sich nun um das Kind und ist schließlich sogar bereit, es auf seine Kosten in die Schweiz zu schicken. Eine lautstarke Szene zwischen den beiden Männern raubt dem Mädchen die letzten Kräfte: Michelez' gute Absichten kommen zu spät, der Tod hat das letzte stille Wort des Textes.

Viele Grundmotive des Boveschen Werkes: die echten und die eingebildeten Verzweiflungen, die echten und die übertriebenen Formen des Zartgefühls, die gnadenlose Unumgehbarkeit des Monstrums Geld, haben hier zu einer Konkretisierung und Aufgipfelung gefunden, die den Leser wie die Figuren hilflos auf die Bahn einer unausweichlichen Tragödie führt, deren Fortgang mit unvergeßlicher Eindringlichkeit in den äußeren Merkmalen der fast schon irrealen Körperlichkeit der Sterbenden gespiegelt wird.

Für den umfangreichen Roman *La Coalition* (1927) erhält Bove den (finanziell attraktiven, im übrigen nur ein einziges Mal verliehenen) Prix Figuière, der dem Autor unter mehr als 400 Mitbewerbern von der Jury einstimmig zuerkannt wird. Der Roman ist mit der Erzählung *Aftalion, Alexandre*, die zunächst auch *La Coalition* hieß und sich wie eine Art Vorfabel des Romans liest, durch Figuren und Namen lose verbunden. Vorgeführt wird das letzte Lebensjahr der ‚Koalition' aus Mutter und Sohn. Nach dem Tod des glücklosen Vaters suchen Nicolas Aftalion und seine Mutter Louise, deren doppelter Werdegang dem Eingangskapitel nachgestellt wird (eine für Bove typische Technik), Hilfe bei Pariser Verwandten und Freunden, da ihre geringen finanziellen Mittel bald erschöpft sind. Von Hotelzimmer zu Hotelzimmer, von armseliger Wohnung zu noch schäbigerer Behausung führt der unaufhaltsame Weg des seltsamen Paars in die seelische und körperliche Erschöpfung. Louise wendet sich zunächst, mit dieser Szene beginnt der Roman, an die gehässige Schwester Thérèse, die ihr das Leben zur Hölle macht, dann, mit geringem und nur provisorischem Erfolg, an den leichtfertigen Bruder Charles. Nicolas, der seine Jugend in Genf verbracht hat und sich in Paris nicht auskennt, leiht sich Geld von ‚Freunden' und Zufallsbekanntschaften, meist aus dem nicht gerade ausgewählten oder wählerischen Besucherkreis des Café Monaco, in dem er eine Zeitlang ein- und ausgeht. Die natürliche Schamgrenze des eigentlich empfindsamen jungen Mannes verschiebt sich dabei immer stärker ins Befremdliche, so daß er sogar die Ängste des besorgten Vaters eines Schwerbehinderten für seine Zwecke ausnutzt. Moracchini, der ‚Freund' mit der zweifelhaften Vergangenheit und dem selbstzerstörerischen Lebenswandel, stirbt ihm weg, als Nicolas seinen verschwenderischen Leichtsinn noch einmal ausbeuten will. Die schöne junge Freundin Simone, von ihm in seinem Elend vernachlässigt und inzwischen anderweitig gebunden, verhilft ihm mitleidig zu einer letzten Übernachtung und einem warmen Essen. Parallel zur Untergangsgeschichte des Sohnes verläuft die der hilflosen Mutter, deren Verzweiflung und körperliche Erschöpfung in Delirien endet, die Nicolas aus der bedrückenden Enge des verwahrlosten Zimmers ins Freie und schließlich in den Selbstmord treiben. Aus dem Zusammensein haben beide Kraft geschöpft, so lange dies noch irgend möglich war. Immer mehr aber häufen sich Augenblicke, in denen der Anblick des leidenden anderen noch die eigene Qual potenziert.

Bove zeichnet in diesem Roman das Doppelportrait von Menschen, die eigentlich nicht lebensfähig sind, Geld nicht vernünftig und bodenständig zur Bewältigung des Alltags nutzen, sondern als Schlüssel zu einer – flüchtigen – Traumwelt mißverstehen (ein immerwiederkehrendes Motiv des Autors, dem es bei der zentralen Geldthematik nicht um Sozialkritik geht), Arbeit nicht ernsthaft für sich in Betracht ziehen können (Beruf macht häßlich, denkt Nicolas): zweifellos Arme, denen aber doch vor Suppenküchen graust, Menschen, die auf Grund ihres naiven und zerbrechlichen Wesens angewiesen wären auf ein differenzierteres und delikateres Mitleid. Genau das aber finden sie nicht. Ihren wahren Zustand können sie nicht offenbaren, ohne theatralisch oder einfach nur abstoßend zu wirken. Sie sind ungeschickte, ebenso beschämte wie dreiste, schließlich aber immer ohnmächtige Hilfesuchende. Ihre potentiellen Helfer leiden nicht mit ihnen; sie können oder wollen ihre echte Not hinter der wenig einladenden Fassade nicht erkennen. Das letzte Lebensjahr des Nicolas Aftalion, der sich 24jährig in die Seine stürzt (und diese Tat im letzten Augenblick vergeblich bereut, bevor ihn das Bewußtsein verläßt), ist ein einziger Hilferuf, der sich mit dem Flehen der Mutter vereint zu einer überaus eindrucksvollen Koalition des Scheiterns.

Peter Handke, der Bove-Bewunderer (und -Übersetzer) befand, daß es eines großen Mutes bedurfte, um ein solches Buch (der bis an die äußerste Grenze gehenden Tristesse) zu schreiben.

Der Protagonist und sein Alter ego

Der schmale Roman *Un Raskolnikoff* (in der Neuauflage von 1986 in einem Band mit *La Coalition* veröffentlicht) stellt sich bereits durch den Titel überdeutlich in die Dostojewski-Tradition von Schuld und Sühne, die den Autor auch sonst immer wieder beschäftigt. Das Besondere an dieser Variation über ein prominentes Thema ist jedoch das Auseinanderfalten des aufgegriffenen Typus in zwei Figuren. Der Protagonist, Monsieur Changarnier, ist in der gesamten Geschichte anwesend, sein Alter ego, „le petit homme", begleitet ihn nur eine, allerdings entscheidende, Weile und realisiert das große Thema auf seine Weise und in einer erzählten Binnengeschichte, der die Hauptgeschichte rahmengleich vorangeht und in auffälliger Analogie folgt.

Wie so viele Bove-Figuren lebt Changarnier in einem armseligen Hotelzimmer. Trotz seines Elends partizipiert er an jenem ebenso grotesken wie mitleiderregenden Narzißmus, mit dem Bove seine Anti-Helden häufig ausstattet. Vor dem Spiegel findet er, der sich soeben als „zéro" beschimpft hat, daß er in Wahrheit doch alles andere als ein Nichts sei. Obwohl sich auch das in Erwägung gezogene Verlassen des Zimmers als problematisch erweist, weil der Protagonist in puncto Kleidung den Anforderungen einer unfreundlichen Witterung eigentlich nicht gewachsen ist, entschließt er sich doch, der Enge des tristen Interieurs zu entfliehen. Draußen trifft er sich mit seiner Freundin Violette. Wegen ihrer elenden Aufmachung und ihres kleinlauten Wesens überschüttet er sie mit Sarkasmen, um dann jedoch sogleich ins andere Extrem zu verfallen und sie als Engel zu bezeichnen.

Im Café kommt es zu einer Auseinandersetzung mit dem Wirt, der den Aufsässigen hinauswirft. Jetzt tritt das Alter ego des Protagonisten auf den Plan. Es ist ein kleiner unscheinbarer Mann, der sich den beiden aufdrängt und sich an ihre Fersen heftet. Changarnier gerät mehr und mehr in Wut und wird schließlich sogar handgreiflich. Da „le petit homme" zu Boden stürzt, fürchtet Changarnier, kriminell geworden zu sein. In seinen Imaginationen beschäftigt er sich bereits mit der eigenen Schuld und malt sich die Verhörsituation aus. Doch der kleine Mann hat sich schnell wieder erholt und geht ihnen aufs neue nach. Nun erfolgt sein Geständnis, die Binnengeschichte des Romans: Der Erzähler der Binnengeschichte war einst ein glücklicher und geachteter Mann. Er hatte Frau und zwei Kinder und war auf dem besten Wege, seine politischen Ambitionen mit einer glänzenden Karriere zu krönen. Am Abend nach einer erfolgreichen Rede, die ihn so sehr mit Stolz erfüllt, daß er beschließt, für das ihm gleichsam inadäquate Publikum nicht länger zur Verfügung zu stehen und vorzeitig nach Hause zu gehen, überrascht er bei der Heimkehr seine Frau, wie sie aus dem Wagen eines fremden Mannes steigt, der ihr jedoch keineswegs fremd zu sein scheint (ein mehrfach verwendetes Motiv im Bove-Gesamtwerk). Er stellt sie zur Rede, sie erfindet Ausflüchte und streitet die evidente Realität ab. Ihn übermannt der Zorn; er tötet sie im Affekt. Er schleppt die Leiche in sein Haus und bringt es fertig, die Polizei zu täuschen und auf eine andere Fährte zu führen. Aber das Geschehene läßt ihn nicht mehr los. Das Geständnis, das er vor den Behörden nicht abgelegt hat, bringt er jetzt immer wieder vor Menschen zu Gehör, die ihm sympathisch und aufnahmebereit erscheinen. (vgl. Dostojewski, aber auch *La Chute* von Camus, 1956). Diese Geschichte verstärkt in Changarnier seinen natürlichen Hang zu Schuldgefühlen, für die er nach Sühne dürstet. Er will sich der Polizei stellen, doch kommt sie ihm zuvor und nimmt ihn fest. Dieses Überlisten seines freien Willens macht ihm schwer zu schaffen. Seltsamer- und irritierenderweise wird er als Schuldiger an einem Überfall auf ein Juweliersgeschäft von der Zeugin Madame Chabon nicht erkannt, und auch Violette wird nicht als Komplizin identifiziert. Der Leser muß davon ausgehen, daß Changarnier und seine Freundin tatsächlich keine Kriminellen sind. Aber genügt das, um sich nicht schuldig zu fühlen? Ganz offensichtlich nicht. Changarnier gerät mehr und mehr außer sich und will unbedingt jene menschliche Schuld auf sich nehmen, die ihren Ursprung im ontologischen Bereich haben dürfte. Man kann sie auch als Folge äußerster Misere, als Delirium des sich in gewisser Hinsicht wie eine Nietzschefigur überlegen wähnenden und zugleich in konkreter Situation an seiner Nichtigkeit leidenden Individuums deuten. Bove hat also Schuld zweifach gestaltet: einmal als realen Akt, der ohne Sühne geblieben ist, das andere Mal als Ergebnis der überreizten Imagination eines durch die Existenz Verfolgten. Doch sorgt der Autor dafür, daß Elemente der einen Geschichte in die andere hineinragen: nicht nur durch die Identität der Figuren, sondern auch durch deren Verhalten. Changarnier hat in seinem Zorn den kleinen Mann bei der Kehle gepackt und gegen eine Wand gedrückt, wie es mit so makabrem Ergebnis „le petit homme" mit seiner Frau getan hatte. Nicht viel mehr als ein kleiner Zufall trennt den echten Verbrecher von dem imaginären, dessen Wahn ihn weiter durch die Straßen treibt auf der Suche nach einem Verständnis, das ihm die arme kleine Violette trotz aller Ergebenheit nicht geben kann, weil ihr die intellektuellen Möglichkeiten fehlen; sie ist alles andere als ein Übermensch im Sinne Nietzsches; doch vielleicht verkörpert sie, wieder einmal, Mitleid à la Schopenhauer.

Drittes Kapitel: Mosaiksteine der Außenwelt

Eine wichtige Rolle spielen im Gesamtwerk Emmanuel Boves die Schauplätze, ob es sich um – meist in Paris gelegene – triste Hotelzimmer, armselige Wohnungen, Straßen oder schäbige Cafés handelt. Als Spiegelbild oder Kontrastfolie verdeutlicht der äußere Rahmen Situation und Stimmung der Figuren. Im folgenden können nur einige dieser geschlossenen oder offenen Räume genauer untersucht werden, da sie, ausgemalt oder anskizziert, in beeindruckender Fülle das gesamte Werk des Autors durchziehen. Sie lassen sich deshalb nicht vollständig erfassen, sondern nur in repräsentativen Ausschnitten auf ihre Leistung für einige ausgewählte Texte befragen.

Räume

Victor Bâton (*Mes Amis*) wacht morgens in einem jener ungastlichen Zimmer auf, die – so oder ähnlich – im Werk des Autors immer wieder die charakteristische Szenerie stellen. Die Kälte, die den Raum erfüllt, rührt von der Feuchtigkeit her, die sich ständig an der Zimmerdecke und bei Regen sogar auf dem Fußboden breitmacht. Der kleine Ofen hat keine Chance, sich mit seiner spärlichen Wärme durchzusetzen. Das Ofenrohr ist zur Abdichtung mit einem Tuch umwickelt. Es wirkt daher angeschlagen, gleichsam krank, so wie auch die halb herunterhängende Jalousie ihr gesundes Funktionieren längst verloren hat. Läßt sich die Sonne einmal blicken, so ist ihr spärliches Licht verräterisch: Der Sonnenglanz dient lediglich dazu, die Fliegenschar auf dem Fußboden besser zur Geltung zu bringen. Die Möbel scheinen vom Trödel zu stammen. Der Waschkrug ist zu klein, die Seife fast aufgebraucht. Alles deutet hin auf Resignation und Verfall. Die Freudlosigkeit eines einsamen Lebens spiegelt sich in der Tristesse der Behausung. Das einzige Indiz einer denkbaren soziologisch-historischen Situierung des Protagonisten wird durch eine lieblos angebrachte „gravure 1914-1918" (19) gestellt. Über diese nackte Zeitangabe hinaus wird das Bild nicht zum Thema gemacht; Autor und Betrachter verzichten darauf, es mit dramatischem oder tragischem Gehalt zu füllen. Immerhin darf man es als vorwegnehmendes Indiz für die – unheroische – Positionierung des Protagonisten lesen, dem eine äußerlich kaum bemerkbare Verwundung die winzige Rente eingebracht hat, deretwegen er trotz aller gesellschaftlichen Marginalisierung ‚frei sein' und das Erwerbsleben aus jener für die meisten Bove-Helden charakteristischen Distanz betrachten kann, durch die sich die Vertreter der arbeitenden Bevölkerung provoziert fühlen. Das gilt auch für die Bewohner dieses schäbigen Mietshauses mit seinem bröckelnden Putz, die mit ihrem hämischen Groll dafür sorgen, daß Bâton ausziehen muß:

"Un homme comme moi, qui ne travaille pas, qui ne veut pas travailler, sera toujours détesté.

J'étais dans cette maison d'ouvrier, le fou, qu'au fond, tous auraient voulu être. J'étais celui qui se privait de viande, de cinéma, de laine, pour être libre. J'étais celui qui, sans le vouloir, rappelait chaque jour aux gens leur condition misérable.

On ne m'a pas pardonné d'être libre et de ne point redouter la misère." (206)

Vertrieben aus seinem tristen Zimmer im Arbeiterhaus, findet sich Bâton am Ende der Romanhandlung wieder in einem billigen Hotelzimmer, das die anfängliche Einsamkeit und Fremdheit womöglich noch potenziert. (Das signifikant häufige Vorkommen von Hotelzimmern symbolisiert Heimatlosigkeit, Fluchtverhalten und Realitätsverlust, insbesondere in *La Coalition*.) Die eigenen Möbel – sein Besitz, so armselig er auch war! – mußte Bâton abstoßen. Jetzt wird die Leere des neuen weißgekälkten Raumes lediglich durch ein Bett mit klammen Bettüchern, einen Klappstuhl und die übliche Arme-Leute-Waschvorrichtung unterbrochen. Die Leere macht die Einsamkeit gleichsam mit Händen greifbar; sie führt den tristen Helden, nicht ohne Komik, zu Reflexionen über die „solitude" („Ah! la solitude, quelle belle et triste chose", 212), die bis in Pascalsche Dimensionen reichen:

"Je songe à la mort et au ciel, car chaque fois que je songe à la mort je songe aussi aux étoiles.

Je me sens tout petit à côté de l'infini et bien vite j'abandonne ces réflexions." (211)

Mutter und Sohn Aftalion (*La Coalition*) müssen in ihrem Leben ungewöhnlich oft die Wohnung wechseln. Der schicksalhafte Niedergang ihrer tristen Existenz spiegelt sich auf dramatische Weise in der zunehmenden Armseligkeit ihrer Behausungen. Nach dem Tode des Vaters verlassen sie Genf und lassen sich in Nizza nieder. Doch die kleine Hinterlassenschaft des Toten gewährt ihnen nicht lange Spielraum zum angemessenen Überleben. Sechs Jahre später kehren sie auch Nizza den Rücken und ziehen nach Paris – in der Hoffnung, bei den Verwandten der Mutter Zuflucht zu finden. Mit der gehässigen Schwester Thérèse Cocquerel ist jedoch kein Auskommen möglich: „Chaque jour, la vie chez les Cocquerel devenait plus pénible." (1986, 13) Mutter und Sohn machen sich auf die Suche nach einer Wohnung, die sowohl ihren bereits reduzierten Ansprüchen als auch ihren bescheidenen finanziellen Mitteln entsprechen soll. So landen sie schließlich Rue Eugène-Manuel in einem „immeuble de belle apparence" (67). Die „belle apparence" ist trügerisch: Zum einen ist die Miete höher, als sie es sich leisten können, wenn auch niedriger als in Wohnungen, wie sie ihnen eigentlich vorschweben. Zum anderen ist die neue Bleibe in dieser immerhin noch geräumigen Wohnung bereits mit zahlreichen Einschränkungen verbunden: Die möblierte Zimmerreihe ist kein abgeschlossenes Appartement, vielmehr besteht sie aus der Hälfte einer großen Wohnung, deren Küche sich der Besitzer reserviert hat, so daß Mutter und Sohn Aftalion mit einer improvisierten Nische ohne Fenster vorlieb nehmen müssen, in der aus Sicherheitsgründen nur einfachste Kochvorgänge gestattet sind. Überdies ist der Mieter wohl oder übel gezwungen, am Leben der Besitzer teilzunehmen, da mangelnder Lärmschutz keine echte Trennung gestattet:

"Mme Aftalion ne put se défendre d'un sentiment de détresse plus grande encore. D'être ainsi perdue dans une rue inconnue, à côté de gens paisibles dont elle vivait presque la vie et qui étaient pourtant si loin d'elle, lui causait une impression désagréable." (69)

Die verwirrenden Fremdheitsgefühle in der Zimmerflucht, die nicht wirklich die ihre ist, werden verstärkt durch die unbekannten Möbel mit ihren „détails bizarres" (69). Louise Aftalion sucht heimisch zu werden, indem sie die vertrauten Nippesfiguren ihrer besseren Vergangenheit (die sie durch alle Peripetien begleiten werden) hier und da im Raum verteilt. Aber bevor sie so etwas wie Heimatgefühl entwickelt haben, müssen Mutter und Sohn die Wohnung verlassen, da sie die Miete nicht aufbringen können, Verwandte und Freunde sind nicht länger zur Unterstützung bereit. Die nächste Station ihres gemeinsamen Lebens führt zur Rue Fontaine, wo sie im Nox-Hôtel zwei Zimmer nehmen. Schon läßt sich der Verfall ihrer Situation nicht mehr verbergen. Vergeblich bemüht sich Louise, an ihr früheres Leben anzuknüpfen:

"La chambre était en désordre. Tout ce qui pouvait témoigner d'un passé aisé, des photographies, des coquillages, une icône de bronze, des flacons, se trouvaient en évidence sur la cheminée, terni par la poussière de la journée." (94)

Der graue Staub des kranken Heute bedeckt geradezu symbolisch die zerplatzten Träume der Vergangenheit. Die nächste Station führt das traurige Paar zum Hotel Excelsior, dessen Namen man nur als Ironie interpretieren kann. Leser und Figuren wissen, daß selbst das einfachste Zimmer für sie unbezahlbar ist. Der getäuschte und genervte Hotelier kündigt einen polizeilich angeordneten Hinauswurf an. Im notgedrungen eilig angemieteten Privatzimmer Rue de la Croix-Nivert wartet die alsbald ebenfalls geprellte Vermieterin zwar nicht mit Wut und Drohungen auf, doch ihre stillen Tränen vermögen Nicolas und seine Mutter erst recht nicht lange zu ertragen. Das Hôtel du Phare mit seinem durch nichts gerechtfertigten stolzen Namen ist der letzte Halt einer Reise ans Ende der Nacht,

53

bei der es Bove nicht um soziologische oder moralische Einordnung geht, sondern um die einfühlsame literarische Sterbebegleitung von zwei lebensuntüchtigen Träumern.

Die genaue Bezeichnung der Orte innerhalb der mitleidlosen Stadt verstärkt den *effet de réel* und trägt darüber hinaus dazu bei, das konventionelle Parisbild mit seinem verlockenden Glanz, dem auch die Figuren des Scheiterns immer wieder erliegen, zu entzaubern: eine Strategie, die sich in vielen Bove-Texten nachweisen läßt (u.a. in *Mes Amis*; *Journal écrit en hiver*; *Un Célibataire*; *Le Pressentiment*; *Mémoires d'un Homme singulier*).

Während Nicolas Aftalion seine sterbende Mutter im Elendszimmer zurückläßt, um in die Freiheit und schließlich in den Tod zu entkommen, bleibt das Schicksal Arnolds (*La Dernière Nuit*) vom Anfang bis zum Ende der erzählten Zeit an das armselige Hotelzimmer gebunden, in dem er seine letzten Augenblicke verbringt. Der Protagonist begegnet dem Leser zunächst im Dunkel eines Raumes, dessen Fenster den Bewohner weniger mit der Welt der anderen zu verbinden als vielmehr von dieser zu trennen scheint. Die „clarté rougeâtre" (1993, 7), die von der Straße aufsteigt, wirkt nicht als befreiende Helligkeit, sondern als Verzweiflungsverstärker. Nachdem Arnold schließlich im Zimmer Licht gemacht hat, wird erst recht auch die ganze unpersönliche Trostlosigkeit seines vernachlässigten ‚Zuhauses' sichtbar (in ihrer Funktion geradezu exemplarisch, stellvertretend für viele Räume bei Bove):

"La pièce parut alors pauvrement et prétentieusement meublée. Le lit était un divan. Le papier tenture, or et violet, visait à faire 'goût du jour'. Un abat-jour rose, à glands de bois argentés, voilait la lumière. Mais l'hôtelier n'avait pas été jusqu'à faire remplacer la moulure écornée de la glace qui se trouvait au-dessus de la cheminée de marbre noir. A terre, devant celle-ci, pullulaient des cigarettes à demi consumées, des allumettes, des boîtes vides, des papiers froissés." (8)

Allmählich profilieren sich zwei Objekte im Zimmer als bedeutsame Aufmerksamkeitserreger. Das eine ist die Fotografie einer jungen Frau, die vom Rahmen des Spiegels lächelnd auf den Protagonisten hinabblickt. Trotz der Widmung „A mon cher Arnold, en souvenir de Raymonde" (11), die auf eine intimere Beziehung schließen lassen könnte, hat die Abgelichtete in seinem Leben nur die Rolle einer flüchtigen Begegnung gespielt. Arnold glaubt sich an einen gemeinsamen Spaziergang im Jardin des Plantes zu erinnern und an eine von ihr nicht eingehaltene Verabredung zum Rendez-vous. Trotzdem ist diese Frau ihm wichtiger als reale Bekannte oder Verwandte seiner gegenwärtigen Existenz, hat sie ihm doch für immer dieses Lächeln geschenkt, das er in seiner Einsamkeit mit – ambivalenter – Bedeutung auflädt: „Ce sourire ne symbolisait-il pas les joies brèves et médiocres que la vie lui avait accordées?" (11)

Der zweite Gegenstand, der den Blick des Protagonisten und des Lesers fesselt, ist ein Gashahn, der ursprünglich für die Versorgung einer größeren, nicht länger funktionstüchtigen Wohnung bestimmt war und jetzt lediglich als nutzloser und häßlicher Rest der alten Leitung an der Zimmerwand verblieben ist. Bisher unbeachtet, erregt dieser Hahn jetzt Arnolds morbide Neugier. Aus dem Auf und Ab ungesunder Faszination und zögerlichen Überlebenswillens erwächst schließlich der zunächst halbernste, aber nicht wieder zurückgenommene Entschluß des Verzweifelten, den Gashahn aufzudrehen, sich in ein „nouveau" gleiten zu lassen, das wie eine parodistische Reminiszenz der berühmten Baudelaireschen Todessehnsucht anmutet:

"Que faire? Appeler au secours, ouvrir la fenêtre, fermer le robinet, ou bien attendre patiemment, sans bouger, que quelque chose de nouveau se produise?" (14)

Mit diesem Akt wird das Zimmer für den Bewohner zur Todeszelle, die ihn definitiv nicht mehr entlassen wird. Aber auch die Frau aus der Vergangenheit, halb vergessen, nur noch als symbolischer Schatten ihrer selbst gegenwärtig, läßt ihn nicht los. Sie fungiert als (seinem dämmernden Bewußtsein natürlich nicht als solcher präsenter) Auslöser einer Kette von Illusionen und Imaginationen über Liebe, Verlust, Schuld, Plädoyers in eigener Sache, die in den letzten Augenblicken des Lebens insgesamt eine ungelebte Existenz ersetzen und eine üppige und farbig ausgemalte Erzählzeit in Anspruch nehmen. Die Verbindung aus – innerfiktionaler – Realität und – innerfiktionaler – Fiktion ist an dem Zimmer des verbrämten Todeskampfes festgemacht.

Eine symbolische Form der Reduktion des Wohnens auf einen der Innerlichkeit des Protagonisten entsprechenden Rückzugswinkel läßt sich beobachten in *Un Père et sa fille*. Dem Vater sind Frau und Tochter und damit jede Lust an einer Existenz abhanden gekommen, die er sich einst als strahlend vorgestellt hatte und die ihm in Wahrheit nur Enttäuschungen bereitete. Dem Leser wird Jean-Antoine About zu Beginn der Erzählung im Quartier de la Place Vintimille präsentiert, wo man ihn allgemein für einen Sonderling hält. Er wirkt vernachlässigt, vorzeitig gealtert, erschöpft und ausgezehrt. Umso erstaunlicher finden es die neugierigen Beobachter, daß er nicht in einer heruntergekommenen Behausung lebt, sondern in einem „immeuble bourgeois", das durchaus etwas hermacht. Natürlich wissen die Leute nicht, daß der Gegenstand ihrer Aufmerksamkeit zwar eine Wohnung in der vierten Etage des Hauses gemietet hat, sich selbst aber vornehmlich in einem ungemütlichen Eckzimmer aufhält, das zugleich als Bad und Abstellkammer dient. Dort hat sich Jean-Antoine About schon zur Zeit, als er noch ein – mindestens nach außen hin – einigermaßen geordnetes Leben führte, einen kleinen Winkel eingerichtet, von dem aus er einen Teil des Platzes im Blick hat. Nachdem ihn Frau und Tochter verlassen haben, lebt er allein mit Nathalie, einer ältlichen Dienstmagd, die er abwechselnd beschimpft oder umwirbt, die jedoch seine Zudringlichkeiten mit sanfter Energie abzuweisen versteht. Seine wiederholten Versuche, sich in die irritierenden Händel unter seinem Fenster einzumischen, enden in der Indifferenz der Welt und lassen ihn im Nichts auflaufen, lassen ihn zurück in seinen Winkel kriechen, so als habe es den ehrgeizigen Jüngling, den erfolgreichen Geschäftsmann, den Ehemann und Vater nie gegeben: „Puis il allait se coucher sans se déshabiller, sans faire de lumière, ainsi qu'au temps où, commis, il habitait une mansarde." (151)

Nach dem zweiten Verlust seiner Tochter, die er selbst ihrer Mitleidlosigkeit wegen abgewiesen hat und nun doch, paradoxerweise, verzweifelt wieder herbeisehnt, sieht er sich mit dem leeren Zimmer konfrontiert, das umsonst für sie hergerichtet worden war, durchmißt die ganze Wohnung auf der – symbolischen – Suche nach dem geliebten, fremd gewordenen Kind und landet verstört wie ein verängstigtes Tier an der Küchentür bei Nathalie, als gäbe es hier vielleicht eine letzte zwischenmenschliche Zuflucht, auf die man aber kein Anrecht mehr zu haben glaubt:

"Lorsqu'il fut près de la porte, il posa sa main sur le bouton de manière à pouvoir la fermer au moindre mouvement de la bonne, puis, la tête dans l'entrebâillement, il la regarda longtemps pour le seul plaisir de lui sourire niaisement durant une seconde chaque fois qu'elle posait ses yeux sur lui." (211)

Der Roman *Armand*, dessen Protagonist – wie seine Freundin Jeanne – stets nur durch den Vornamen identifiziert wird, soziologisch gleichsam freischwebend bleibt, nutzt die Beschreibung eines Interieurs zur eindrucksvollen Unterstreichung der Unglücksperipetie im Leben des Protagonisten. Ein und dieselbe Umgebung erscheint in der ersten Phase der Handlung freundlich und anheimelnd, in der zweiten fremd und abweisend. Armand lebt bei seiner – älteren – Geliebten, fühlt sich wohl und sicher und denkt nur noch mit herablassendem Mitleid an die Armut anderer, die einst auch sein Schicksal war. Glücksgefühl und Sicherheit werden sich sehr bald als illusorisch erweisen, weil Armand durch einen ebenso harmlosen wie törichten Vertrauensbruch seine Geliebte, seine Gönnerin, seine Göttin Fortuna, brüskiert hat. In der Darstellung der Wohnung spiegelt sich der Wandel, wird zur greifbaren Materialität. Der – gleichsam nur geliehene – Wohlstand, in dem sich Armand zu Beginn der Romanhandlung befindet, hat ihn zu einem anderen Menschen, die Freunde der Elendszeit zu Fremden gemacht, obwohl er ihnen weiterhin mit Freundlichkeit und (gespieltem?) Interesse begegnet:

"Pourtant j'avais beau prononcer les mêmes paroles, exécuter les mêmes gestes, je ne redevenais pas celui que j'avais été. L'aisance dans laquelle je vivais depuis douze mois avait chassé brutalement toutes mes habitudes." (28)

Und so sieht die „aisance" aus, in die er den armen Freund Lucien geladen hat: eine Mehrzimmerwohnung mit Diele, Salon, blumengeschmücktem Eßzimmer (dessen geöffnetes Buffet die Fülle des Porzellans erahnen läßt), bewohnt von Armand und der Wohnungsinhaberin, seiner Geliebten Jeanne, deren Leben offensichtlich auch, wie das der meisten Bove-Helden und ihrer Sympathisanten, zum Müßiggang neigt (und die sich zur Erleichterung ihres Alltags überdies noch eine „femme de ménage" leisten kann). Während des Wartens auf den Gast aus schlechteren Tagen ("Je l'ai invité surtout parce qu'il me faisait pitié...", 38) lenkt Armand immer wieder mit Wohlgefallen seine Schritte zum Eßzimmer:

"C'était la cinquième fois que je me rendais dans cette pièce pour que mes yeux fussent agréablement surpris par la nappe, les fleurs, la branche de mandarines sur le buffet." (38f.)

Objektiv gesehen, handelt es sich freilich nicht um ein Luxusappartement, sondern um das Interieur einer geräumigen möblierten Wohnung (bezeichnenderweise hat der Vermieter das Klavier nicht zur Benutzung freigegeben!), der eine Frau durch kleine Akzente eine persönliche Note zu geben versucht hat, die ein Mann wie der unerfahrene und ungeschliffene Lucien nicht unbedingt goutiert, so daß er die Gastgeberin durch eine spitze Bemerkung über ein mit Liebe ausgewähltes Möbelstück, einen ungewöhnlich niedrigen Tisch, verletzt:

"Elle avait acheté cette table afin que le salon, qui était hostile et froid lorsqu'elle loua cet appartement meublé, devînt plus intime. C'était elle qui avait confectionné les abat-jour et le pouf sur lequel elle s'asseyait maladroitement. Elle appelait cet appartement son intérieur." (50f.)

Auch Armand konstatiert sehr wohl die eher rührend unzulänglichen Versuche Jeannes, in der Wohnung die verschönernde Hand einer Frau spüren zu lassen, doch scheint er diese ebenso deutliche wie hilflose Feminisierung eher als Zeichen zärtlicher Geborgenheit denn als Symbol der Abhängigkeit und Fragilität seiner eigenen Position zu empfinden. Daß sich hier vielleicht schon die Unglücksperipetie ankündigt, kann bestenfalls der Leser erahnen. Auch und gerade im Vergleich mit der Situation des Freundes sieht sich Armand eher in seinem Glück bestätigt. Der relativ bescheidene Standard seiner derzeitigen Umgebung liegt schließlich weit über dem, was sich Lucien erlauben kann und was einst auch Armands Realität war. Daher kommt dem Protagonisten, der noch nichts vom bevorstehenden Unglück ahnt, die Differenz und damit das vermeintliche Glück seiner eigenen Lage erst voll zum Bewußtsein, als er Lucien einen Gegenbesuch abstattet:

"Je sentis combien il souffrait, combien j'étais heureux à côté de lui. Je compris que je n'eusse pas dû, en l'invitant, mettre en regard de sa pauvreté mon aisance." (65)

Nach der de facto unwichtigen und trotzdem so verhängnisvollen Geste Armands gegenüber der Schwester des Freundes scheint sich das Blatt für den Protagonisten mit erschreckend plötzlicher Heftigkeit zu wenden:
"J'eus un éblouissement. Il me sembla que tout était perdu, que j'avais oublié quelque chose dans mes poches, qu'elle allait savoir." (129)

Noch einmal gelingt es Armand, Jeanne seine Unschuld einzureden. Doch die Mißgunst des vom Schicksal benachteiligten Freundes, der zum Denunzianten wird, besiegelt für den Protagonisten die Unglücksperipetie. Die Wende manifestiert sich im veränderten Klima der Umgebung, in der Jeanne sich nicht mehr um Intimität bemüht und mit dem fremden Ausdruck einer „visiteuse" (149) den Besucher, zu dem Armand nun seinerseits degradiert ist, erwartet. Die Anzeichen in der Wohnung sind verwirrend, nicht eindeutig. Hat im Grunde doch noch alles seine Ordnung, leidet Armand, so fragt er sich selbst, an Verfolgungswahn? Er durchmißt die verschiedenen Zimmer auf der Suche nach der ‚Wahrheit' (wie About auf der Suche nach seiner Tochter), die sich wie stets bei Bove als Spiel einer empfindlichen Balance erweist. Im Eßzimmer gibt es (scheinbar) positive und (offensichtlich) negative Signale:

"Là, à l'heure où l'on ne prenait aucun repas, je me sentais à l'abri. La salamandre était éteinte, les poignées de porcelaine encore tièdes. Un sucrier, à cause de l'idée de dessert qu'il évoquait, me fit remarquer que la table n'était pas mise." (151)

Die Liebesbriefe, sichtbares Zeichen der Verbundenheit des Paares, sonst immer an derselben Stelle auf dem Kamin (huldigt das Motiv Edgar Allan Poe?), sind nicht da, das Licht im Schlafzimmer, eigentlich rührend gedämpft durch Jeannes Dekorationsbemühungen, erscheint nun im Kontext mit der Leerstelle fahl und kalt. Die Briefe finden sich schließlich in der Schublade einer Kommode, die sich aber auch gleichsam als suspekt präsentiert:

"Les tiroirs étaient fermés alors que d'habitude Jeanne en laissait deux ou trois ouverts à cause de son désir de paraître distraite et un peu désordonnée." (153)

Obwohl Armand verunsichert ist, greift er noch einmal mit aller Kraft nach dem schwankenden Strohhalm Glück, beruhigt er sich wie ein Kind mit autosuggestiven Trostvorstellungen und kehrt so mutig in das Wohnzimmer zurück. Doch dort findet er Jeanne weiterhin in der fremden Pose der Besucherin vor, die Unglücksperipetie läßt sich nicht länger ignorieren und überfällt ihn mit ihrem ganzen Schmerz: „Je n'en pouvais plus. Autour de moi tout était froid, lointain." (156)

Interieurs, die wohlgeordnet sind, in denen die Dinge gleichsam am rechten Platz stehen und sich nicht durch die Unordnung des Lebens in Unordnung bringen lassen, sind selten. Sie kommen vor in *Mémoires d'un Homme singulier* (entstanden 1939, Neuauflage 1987, 117) und vor allem in *Le Beau-fils* (z.b. 194), dem weitgehend autobiographischen Sehnsuchtsroman, in dem das Zartgefühl der angebeteten Stiefmutter sich gleichsam auf ihre Umgebung ausgießt.

Straßen

Das Motiv des Flanierens durch die Großstadt, insbesondere durch Straßen, Avenuen und Boulevards von Paris, weist eine üppige literarische Tradition auf. Sie reicht von Balzac, Flaubert, Baudelaire und Huysmans über Valery Larbaud, Aragon und die Surrealisten bis in die Gegenwart zu Patrick Modiano. Aber während es in den meisten Bearbeitungen des 19. und des beginnenden 20. Jahrhunderts um Entdeckerfreude und urbane Abenteuerlust geht, dient diese Thematik in der Folge auch häufig dazu, die Verlorenheit des Protagonisten zu unterstreichen. Ein Vorläufer einer solchen modernen Variante des Flaneur-Motivs findet sich bereits in Huysmans' *A Vau-l'eau* (1882, mit dem tristen Anti-Helden Folantin), fortgeführt wird sie in Duhamels *Vie et Aventures de Salavin* (1920-32) sowie, politisch motiviert durch das Trauma der vierziger Jahre, insbesondere bei Patrick Modiano, etwa in seinem Roman *La Ronde de Nuit* (1969).

Auch Emmanuel Bove pflegt diese Variante desillusionierender und entmythologisierender Stadtromantik. Das heißt nicht, daß die Pariser Straßen sich bei ihm immer und unter allen Umständen grau und nüchtern präsentieren. Doch wenn sie einmal voller Licht und Leben sind, spiegeln sie nicht die wahre Situation des typischen Bove-Protagonisten, des Außenseiters, des Verlierers, des realitätsfernen Träumers, der Glück bestenfalls als flüchtiges Provisorium erfahren kann. Das triste Flanieren ist geradezu durchgängiges Motiv der Erzählungen und Romane, die nebenbei immer wieder kleine Stadtpläne von Paris erstellen, wie dies seit Balzac epische Tradition ist (vgl. bei Bove z.B. *Journal écrit en hiver*; *Un Célibataire*; *Mémoires d'un Homme singulier*; *Un Homme qui savait*; *Un autre Ami*). Im übrigen gilt für das Straßenmotiv dasselbe, was bereits im Zusammenhang mit der Analyse der Räume gesagt wurde, nämlich daß die Häufigkeit und Vielgestaltigkeit dieses thematischen Aspektes der Außenwelt in Boves Gesamtwerk so durchgehend ist, daß er sich in seiner Beschaffenheit und seiner Funktionalität nur an einigen besonders deutlichen Beispielen untersuchen läßt.

Ein solches Beispiel liefert gleich *Mes Amis*, Boves erster Roman. Als Realität seiner Umgebung empfindet Victor Bâton die Pariser Straßen als glanzlos. Wenn einmal ein Sonnenschein Hoffnung verspricht, etwa zu Beginn einer vermeintlichen Freundschaft, werden Sonne und Hoffnung bald wieder verdeckt:

"Les rues devenaient de plus en plus sales. [...] Un nuage cacha le soleil. La rue devint grise. Les mouches cessèrent de briller." (80)

Bove wartet mit vielen Details auf, doch sein impressionistischer Pointillismus hört auf zu leuchten, erstellt vielmehr eine Serie desillusionierender Einzelobjekte, gebündelt lediglich in einem potentiellen Paris-Inventar aus Papier:

"Des arbres maigres, sans feuilles, sans écorce, ficelés à un poteau, plantés dans un trou sans grille, se suivaient de cinquante en cinquante mètres. Entre chacun d'eux, il y avait un de ces bancs marron, sur quoi on est obligé de se tenir droit. Par-ci par-là, une baraque Vilgrain vide, un chalet de nécessité avec des fiches d'avant-guerre, un étranger qui déplie un plan ou qui consulte un Baedeker, reconnaissable à la tranche." (153)

Schöne Parisbilder haben ausgedient, werden auf Postkartenklischees reduziert. So verkleinert der Protagonist seine Stadt bei einem Gang durch die Rue de la Gaîté (zwar einer der zahlreichen nachweisbaren referentiellen Bezüge, gleichzeitig aber im Gesamtkontext ein geradezu ironisch sprechender Name):

"Un papetier vend des chansons avec des notes et des cartes postales représentant les monuments de Paris, en été." (191)

Eine noch stärkere Reduktion des Parismotivs findet sich in der Eingangssequenz der Binnengeschichte *Henri Billard*, in der eine potentielle Freundschaft am längsten aufgebaut und am bittersten enttäuscht wird – wie sein Paris den tristen Flaneur Bâton enttäuscht. Der Protagonist sieht sich plötzlich inmitten einer Menschenansammlung so nahe vor einen Verkehrspolizisten plaziert, daß er das Pariser Wappen auf dessen Uniformknöpfen ausmachen kann. Die Detailfreudigkeit der Beschreibung wird hier, ohne daß der Autor das ausdrücklich vermerken müßte, zu symbolischer Ent-täuschung aufgeladen: Das „bateau de la ville de Paris" (48) hat seine grandiose Einmaligkeit aufgegeben, ist in Serie gegangen und konnotiert überdies durch den Ort seines Vorkommens nicht mehr revolutionäre Mythen, sondern Reglementierung in einer grundsätzlich als fremd und bedrohlich empfundenen Welt.

Wenn Paris aber doch einmal seine reiche und glanzvolle Seite präsentiert, so geschieht dies, um die Irrealisierbarkeit der Protagonistenträume zu unterstreichen. Die „beaux quartiers" („Quand le luxe me fait envie, je vais me promener autour de la Madeleine", 29) lassen Victor Bâton in seinem abgewetzten Aufzug überdeutlich die eigene Ausgrenzung spüren. Nur im Konditional der unerfüllbaren Sehnsucht (30-33) kann er es sich im Bois de Boulogne, im Luxus eleganter Hotels, in geschmackvoll eingerichteten „garçonnières" (32) mit schönen Geliebten, Gegenbild zu den ‚realen' Bistro-Wirtinnen und marginalisierten Halbweltdamen der Binnengeschichten, wohl ergehen lassen:

"Ah! comme je voudrais être riche! [...] J'aurais une maîtresse, une actrice. Nous irions, elle et moi, prendre l'apéritif à la terrasse du plus grand café de Paris." (30)

In der ‚Wirklichkeit' ihrer Situation frequentieren die Bove-Protagonisten nahezu ausnahmslos schäbige kleine Kneipen, winzige Inseln trister Behaglichkeit und dubioser Kommunikation im Straßenmeer der Einsamkeit: ein Motiv, das insbesondere in dem Untergangsroman *La Coalition* immer wieder genutzt wird.

Die Beschreibung der Glücksphase im Leben Armands ist verbunden mit dem Unglück des vom Protagonisten gönnerhaft beobachteten und besprochenen Freundes Lucien. In diesem Sinne ist der Weg, den Armand von der komfortablen Wohnung seiner Geliebten zur Behausung Luciens zurücklegt, von symbolischer Bedeutung. Als Armand das Haus verläßt, ist der Himmel strahlend:

"Chaque matin, le soleil, en avance d'une minute parce que l'année commençait, apparaissait sans qu'aucun nuage ne le masquât." (57)

Im weiteren Verlauf der zielorientierten „flânerie", die Armand mit einer gewissen – morbiden – Neugier, aber ohne echtes freundschaftliches Engagement absolviert, nehmen sowohl das Strahlen des Himmels als auch der Glanz der Stadt ab. Die Straßen werden schmaler, die Häuser niedriger, die „carrefours moins importants" (58), die Sonne weist Flecken auf, als sei sie eigentlich schon untergegangen und habe sich zur Rückkehr nur noch einmal durchgerungen, die Lichter in den bescheidenen Geschäften („chez les coiffeurs et les marchands d'objets petits", 58) werfen nur einzelne schmale Bahnen, als hätten Kinder sie in unbeholfenen Strichen gezeichnet: Man sieht, Boves Beschreibungsverfahren erinnern immer wieder an Techniken von Malerei und Film. Das Haus, in dem Lucien wohnt, sieht vernachlässigt aus („une vieille maison dont la façade s'effritait", 58). Innen ist es kalt, die Flure sind finster, Beleuchtung fehlt, und das Licht von draußen kann nicht bis in alle Stockwerke vordringen:

"A partir du troisième, j'aperçus le soleil par les fenêtres des paliers. Il n'avait plus de force. Aucun rayon n'éclairait les marches sombres." (59)

Die Zusammenschau von Raum und Straße dient hier zur Potenzierung des Abstiegs in die Welt des Unglücks, in der Armand sich lediglich gleichsam als Tourist aufzuhalten glaubt, obwohl das erblickte Bild in Wahrheit einen Vorgriff auf die Unglücksperipetie darstellt. Luciens Zimmer befindet sich unter dem Dach; Armand sieht von der Tür aus auf ein Fenster ohne Vorhang, auf zerrissene Tapeten und eine an die Wand genagelte Fotografie, die (wie in *Mes Amis*) an den Krieg erinnert: „La photographie de l'escouade de Lucien pendait toujours au mur ainsi qu'un vieux calendrier qu'il gardait pour l'image." (61f.)

Der Protagonist und der Leser sind da angekommen, wo Boves erster Roman spielt und wo sich viele seiner Anti-Helden aufhalten: im Elendsviertel des vom Krieg übriggebliebenen nahezu mittellosen Junggesellen. Armand in seiner Ahnungslosigkeit wähnt sich fern von dieser Misere des sozial nicht Integrierten und merkt nicht, wie prekär es um seine eigene, gleichsam ausgeliehene gesellschaftliche Einbettung steht:

"Non, ce n'était pas moi qui vivais là. J'étais maintenant un homme. Il me serait arrivé quelque chose, des gens, Jeanne, son frère, ses amis, m'auraient défendu." (62)

Nach dem Fall ins Unglück führt der Weg des Protagonisten, ohne daß dieser sich bewußt für eine bestimmte Richtung entschieden hätte, mit innerer Notwendigkeit in das Armenviertel, dem er entkommen zu sein glaubte:

"Je pris une avenue. Elle conduisait sans que je m'en fusse douté vers le quartier où j'avais vécu pauvre et seul." (194) "Maintenant je me trouvais au milieu de ce quartier où j'avais vécu si malheureux." (197)

Seit dem Beginn seines glücklichen Lebens mit Jeanne war Armand nie wieder hierher gekommen, weil er genügend zeitliche Distanz zur Elendsphase aufbauen wollte, um sein Entrinnen aus der Not bei einem späteren Besuch, einer ungefährlichen Konfrontation, umso mehr genießen zu können, zugleich vielleicht auch in einer vagen, unterhalb des Bewußtseins schwelenden Vorahnung dessen, was nun eingetreten ist, wobei die Erinnerungen aus der Tiefe seines Ichs – paradoxerweise – mindestens nicht durch gleichsam per Glück überlagerte und damit verunreinigte Schichten getrübt werden sollten. Fast eine Seite lang zählt Armand in einem einzigen gewaltigen Satzgebilde aus erinnerten Evokationen die anrührend einfachen Stationen seines damaligen Lebens auf. In dieser Abfolge von wiedergefundenen Impressionen verknüpft die sechsmal wiederholte Präposition „devant" („l'hôtel – le bar – les bains populaires – le cinéma – le petit square – la poste") die einzelnen Schritte des tristen Flaneurs miteinander und läßt auf diese Weise einen Film abrollen, der Einst und Jetzt so miteinander verbindet, daß die zuvor als Normalität empfundene und beurteilte Glücksphase nun bereits wieder mehr und mehr im Nebel der Illusion verschwindet, von der wiedergefundenen überdauernden Realität der Armut verdeckt wird.

Am Schluß des Romans verschmelzen programmatisch Trauer und Zärtlichkeit miteinander, steigt aus der Einsamkeit des Einzelnen die Gemeinsamkeit des menschlichen Leidens auf. Armand geht von oben eine abfallende Straße hinunter, nachdem er zunächst auf dem höchsten Punkt innegehalten hatte, um mit Hilfe des Blickes auf die großzügige und vielgestaltige Perspektive unter sich den Eindruck der inneren Verbindung mit den anderen zu gewinnen und sich dadurch die philosophische *consolatio* einer Empfindung zu verschaffen, die man in Abwandlung des Sartreschen „être pour autrui" (Stehen im – kritischen – Blick des anderen) als ein „être comme et avec autrui" definieren könnte:

"Mes peines deviennent moins grandes. Elles se confondent peu à peu avec celles de tous ceux qui m'entourent. Je ne suis plus seul à souffrir." (200)

Im Gegensatz zu dem, was man erwarten könnte und tatsächlich in der Literatur auch häufig genug findet (z.B. in Sartres *Les Mots*, 1964), ist der erhöhte Standpunkt hier also nicht Ausdruck der Arroganz, nicht Symbol der Überlegenheit, kein Elfenbeinturm, sondern (fast buddhistisch anmutende) Plattform für das Abstreifen des ausgrenzenden Besonderen, auch und gerade des partikularen Elends, dies in der privilegierten Möglichkeit des eigenen Mitleidens und der potentiellen Erfahrung fremden Mitleids, vorgestellte (und ersehnte) Phänomene, die beide durch das Imaginieren eines Alter ego in einem der sich unten weithin erstreckenden Häuser verstärkt werden. Diese aparte und für Bove nicht untypische Art des Trostes durch die gefühlte Überwindung erlebter Ungerechtigkeit des Schicksals hält der Roman in einem wunderbaren kleinen Schlußbild fest, das eine einfache Beobachtung, eine alltägliche Straßenszene, zum resümierenden Symbol für die stets gefährdete und doch in der Reinheit des Herzens ausgleichbare Balance der Existenz werden läßt:

"Je pris la rue en pente. Des enfants y jouaient à la balle, les petits en haut, les grands en bas, pour que leurs chances fussent égales." (200)

Auch in den Alptraumsequenzen von *Le Crime d'une Nuit* und den Visionen des Sterbenden in *La Dernière Nuit* spielen Straßenszenen eine wichtige Rolle. In *La Dernière Nuit* reagiert der Dahindämmernde ähnlich wie Armand, dem es geschehen kann, daß ihm das Bewußtsein von der Existenz der vielen anderen draußen Trost verschafft. So hat auch der sterbende Arnold Augenblicke, in denen ihm seine (imaginären) Vergehen weniger bedrückend erscheinen, weil er sich, anders als in der Enge des ‚realen' Zimmers, in den ‚fiktiven' Straßen von Menschen umgeben und deswegen weniger einsam, weniger verdammt vorkommt: „Perdu dans le nombre, ses fautes avaient moins de gravité." (42) In der übersteigernden Kraft seiner Todesdelirien werden diese anderen dann freilich auch sogleich wieder zu dem Anderen *par excellence*, dem göttlichen Anderen, hochstilisiert, wobei das Objekt des göttlichen Blickes jene bei Bove immer wieder anzutreffende, von der Kritik gern auf das russische Erbe des Autors zurückgeführte Mischung aus Demut und Selbstüberschätzung verrät: „Dieu seul lisait dans son âme. Mais Lui, au moins, Il lisait tout, le bien ainsi que le mal." (42)

Das imaginäre Unterwegssein des Sterbenden in den nächtlichen Straßen bietet ihm noch einmal Gelegenheit, sich Ziele und Aufgaben vorzugaukeln, mit schnellem Schritt geradewegs auf einen (nur scheinbar wichtigen) Punkt zuzusteuern, als werde er erwartet. So wird „la rue" auch immer wieder zur Szenerie des Selbstbetrugs, und das nicht nur in der „letzten Nacht". „La rue" ist also weit mehr als Spiegel oder Kontrastfolie der wahren Befindlichkeit des Protagonisten; sie ist auch der privilegierte Ort der mehr oder minder wohldurchdachten Selbstinszenierung, des Bettelns um Aufhebung der Einsamkeit, der Anbahnung vermeintlicher oder doch mindestens äußerst prekärer Freundschaften und Liebesbeziehungen, in die man hineintappt wie in lebensbedrohliche Fallen (vgl. unter diesem Aspekt z.B. *L'Amour de Pierre Neuhart*), schließlich der ebenso lächerlichen wie anrührenden Tragikomödien des Selbstmitleids.

Diese selbstzerstörerischen Spiele münden oft in Cafés und Bistros bei falschen Freunden oder überschätzten Helfern, die wie in *La Coalition* in Wahrheit vollauf mit ihrem eigenen Untergangsschicksal beschäftigt sind. Dem gutgläubigen Protagonisten in *L'Amour de Pierre Neuhart* öffnen sie schließlich die Augen über die Lebenslüge, in die er sich hineingesteigert hat (94ff.). Die Straße mit ihren offenen Begegnungsstätten ist somit das immer enttäuschende Versprechen einer Freiheit, die in Wahrheit keine echte Entgrenzung und Existenzerweiterung zu bieten vermag, sondern sich mehr und mehr als Fata Morgana ohne Überlebenschancen für den (faktisch oder metaphorisch) Sterbenden entpuppt. Mit schonungsloser Dramatik erweist sich dies am Schluß von *La Coalition*. Nicolas Aftalion hatte sich draußen immer wieder glücklich zu fühlen geglaubt. Am Ende aber führt der Sog der vermeintlichen Freiheit aus dem infernalischen Zimmer der siechen Mutter geradewegs in den Tod, den der Protagonist sucht und doch lieber vermieden hätte, wie die letzten Augenblicke des Ertrinkenden beweisen.

Daß die feindliche Außenwelt insbesondere in der Kriegstrilogie eine wichtige, zugleich aber auch evidente und nicht weiter erklärungsbedürftige Rolle spielt, versteht sich von selbst. In *Armand* hatte der Autor seinen Protagonisten mit dem Prinzip der lebensbedrohenden Feindseligkeit, hier wohl lediglich blasse, fast inexistente und als solche nicht benannte Erinnerungsspur des Ersten Weltkriegs, noch metaphorisch-spielerisch umgehen lassen:

"Une seule goutte tomba du ciel. D'autres suivirent. Il allait pleuvoir.

Je m'amusai à penser que ces gouttes étaient des balles de fusil, qu'en faisant des zigzags j'eusse pu les éviter. L'une d'elle perça mon chapeau, une autre, mon pied." (109)

Noch ist die Welt sowohl grundsätzlich als auch innerhalb der beiden erzählten Existenzphasen Armands in Ordnung. Später werden der an den Zeiten gereifte und von ihnen mitgenommene Autor und seine neuen Protagonisten von den eigenen frühen Bildern auf schreckliche Weise eingeholt. In *Non-lieu* dienen ständig ausgetauschte enge Zimmer und Mansarden als Verstecke des entflohenen Gefangenen; in *Le Piège* wird das Unterwegssein in der Nacht mit ihrer besonderen Bedrohlichkeit und ihren nun nicht mehr ausgedachten, sondern realen Detonationen zum angstmachenden Alptraum, der sich schließlich in die schlimmere Wirklichkeit transformiert und das Schicksal des zitternden Helden definitiv besiegelt.

Anatomie eines Ortes: Bécon-les-Bruyères

Mehr noch als andere Teile seines Werkes hat der schmale Band *Bécon-les-Bruyères* (1927-28), den Peter Handke – wohl im Lichte seiner eigenen jüngeren (undramatischen) schriftstellerischen Spurensuche – für den wichtigsten Bove-Text hält (siehe Interview in *Les Nouvelles littéraires* vom Oktober 1983), Emmanuel Bove den Ruf eines Wegbereiters des Nouveau Roman eingetragen. Der Autor stellt sich hier der Herausforderung, einem Quasi-Nichts an Materie („Bécon-les-Bruyères existe à peine"). In: *Un Soir chez Blutel*, 1984, 271) in einem siebenteiligen Text, ausgehend von der präzisen Oberflächenbeobachtung, literarische Wirklichkeit zu verleihen.

Der kleine, nahe bei Paris gelegene Ort ist mit einem blumigen Namen ausgestattet, dem seine schmucklose Topographie nicht oder nicht mehr entspricht:

"De même qu'il n'existe plus de bons enfants rue des Bons-Enfants, ni de lilas à la Closerie, ni de calvaire place du Calvaire, de même il ne fleurit plus de bruyères à Bécon-les-Bruyères." (269)

Die Beschreibung beginnt also bereits mit der Negierung von Gewesenem oder von Möglichkeiten: eine Tendenz, die sich im Verlaufe des Textes immer wieder manifestiert. Der Ort hat keine wirkliche Eigenständigkeit, kein individuelles Gesicht. Er ist ein Zwitter aus Stadt und Land. Die Bewohner verfügen sowohl über die freche Schlagfertigkeit der Pariser als auch über die vorsichtigere Freundlichkeit des Bauern, ohne daß das eine oder das andere sie wirklich charakterisieren würde. Immer wieder trifft der Leser auf Verneinungen, die Erwartungen, wie man sie üblicherweise an eigenständige Ortschaften stellen würde, enttäuschen:

"La population de Bécon-les-Bruyères ne ressemble pas à celle d'une ville isolée. Elle n'a ni préoccupations ni amour-propre locaux. [...] On a beau se promener dans tous les sens, on ne rencontre pas une statue. Il n'y a point de mairie, ni d'hôpital, ni de cimetière." (257f.)

Man findet keine Schilder, die auf Bécon-les-Bruyères selbst verweisen würden. Vielmehr wird sogleich die Richtung zu den beiden Polen, den anderen Orten, zwischen denen die Bahnstation Bécon-les-Bruyères liegt, angezeigt, so daß man dem Ort gleichsam auch offiziell eine Eigenexistenz abspricht, der Besucher gewissermaßen immer nur unterwegs ist im Anderswo. Lediglich als Gegenstand des Spotts hat der Ortsname einen bestimmten Handelswert: Verirrt sich ein Bewohner von Bécon-les-Bruyères nach Paris, so wird von ihm gesagt, er sei weit gereist, komme er doch aus Bécon!

Doch hinter dieser Fassade aus Inexistenz, Ironie und Hohn leben Menschen. Deshalb reicht die Oberflächenbeschreibung nicht; Bove bahnt sich den Weg bis zur Seele des Ortes (das heißt in diesem Falle: Der Autor gestattet einen Blick in die Seele des Schreibenden). Er vermag sie auszumachen einerseits durch die für ihn auch sonst so oft charakteristische Setzung des Konditionals, des angenommenen Falles: Im Falle einer Revolution, sollte sie denn je bis nach Bécon-les-Bruyères gelangen, so würde man die Bewohner, meint der Autor, vereint und einig sehen, der Situation gewachsen und sie konfrontierend. Doch diese Probe aufs Exempel bleibt selbst innertextuell schließlich völlig imaginär, hypothetisch und damit ihrerseits nicht ohne leichte Ironie. Erst am Schluß der sieben Sequenzen stellt sich der Autor der Aufgabe, sein eigenes inneres Verhältnis zu diesem erforschten Quasi-Nichts zu thematisieren. Er tut es in einer Form, die, gleichsam über den Nouveau Roman hinausgreifend, überraschend deutlich auf Patrick Modiano vorausweist (war, ist Modiano Bove-Leser?), auf dessen epische Erinnerungspoesie, in der allem Existierenden, in Vertiefung der eigentlichen Wahrheit der dunklen vierziger Jahre, nur kleine flüchtige Schritte zugestanden werden, die dennoch aufgehoben sind in der zärtlichen „petite musique" seiner seit 1968 in regelmäßiger Folge erscheinenden zahlreichen Romane. So verabschiedet sich auch Emmanuel Bove bereits im Jahr 1927 mit dem gerührten Wissen um das Transitorische, Sterbliche alles dessen, was realiter da zu sein scheint, von ‚seinem' Ort:

"Ainsi, en m'éloignant aujourd'hui de Bécon-les-Bruyères pour toujours, ne puis-je m'empêcher de songer que c'est une ville aussi fragile qu'un être vivant que je quitte. Elle mourra peut-être dans quelques mois, un jour que je ne lirai pas de journal. Personne ne me l'annoncera. Et je croirai longtemps qu'elle vit encore, comme quand je pense à tous ceux que j'ai connus, jusqu'au jour où j'apprendrai qu'elle n'est plus depuis des années." (303)

Viertes Kapitel: Regionen der Innenwelt

Emmanuel Bove stattet seine Figuren mit einer reichen Psyche aus. Doch orientiert er sich bei der präzisen Beschreibung des Innenlebens seiner Protagonisten nicht in erster Linie am Realismus des 19. Jahrhunderts (wenngleich manche kleinere Texte durchaus an Maupassant erinnern), der dem Leser eine (vielleicht nur scheinbare) Wiedererkennbarkeit, eine unauffällige Fast-Identität mit den Romanfiguren, ihren Gefühlen und Empfindungen, vorspiegelt. Und wenn man Boves Namen auch gelegentlich in die Nähe Prousts gerückt hat („Proust für Arme"), so muß man doch einräumen, daß er nicht in jedem Falle den seelischen Verästelungen seiner Figuren bis in jene feinsten Spitzen und Details nachspürt, die Proust zu entdecken versteht.

Bove war, gezwungenermaßen, so scheint es, ein Vielschreiber, der sich nicht immer auf der Höhe seiner eigenen Ansprüche bewegte. Aber in seinen besten Romanen und Erzählungen gelingen ihm hervorragende, oft lediglich im Figurenverhalten manifeste psychologische Beobachtungen, deren Originalität und Modernität nicht im Grad der immer tieferen Durchdringung von seelischen Phänomenen liegt, sondern eher in die Richtung des Absurden weist, kafkaeske Züge enthält. Leerstellen und Widersprüche können und dürfen daher beispielsweise oft als solche stehen bleiben, ohne weiter problematisiert, erklärt oder begründet zu werden. Es soll also im folgenden nicht darum gehen, die natürlich auch vorhandenen ‚normalen' Regungen der Figurenpsyche nachzuzeichnen, sondern die spezifischen, für Bove typischen und doch in Wahrheit so allgemeinmenschlichen ‚Abweichungen' aufzuzeigen: einen kleinen Merkmalkatalog der psychologischen Konstanten in seinem Gesamtwerk, die diesem seine spezifische Prägung geben und vornehmlich die fortdauernde Wirkung des wiederentdeckten zeitlosen Modernen begründen.

Der Körper als Vermittlung von Außenwelt und Innenwelt

Will man Bove gerecht werden, so ist es vor der Reise ins Innere zunächst erforderlich, sich mit der Außenhaut des Seelischen zu beschäftigen.

Die literarische Behandlung des Körpers war lange in erster Linie gebunden an inhaltliche Kontexte, in denen die Physis nach oben oder unten vom mittleren Maß der Energie abwich. Ekstase und Rausch am oberen Ende der Skala, Krankheit und Tod an ihrem unteren Ende hatten sich seit Jahrhunderten als erzählenswert durchgesetzt (auch wenn manches davon in bestimmten Epochen immer wieder tabuisiert wurde). Boves Originalität besteht nun gerade darin, daß er den Körper in seinem eher unauffälligen und eigentlich selbstverständlichen Funktionieren zum Problem werden läßt. Das verbindet ihn zum einen mit der phantastischen Literatur des 19. Jahrhunderts, die Körper und Seele in vorfreudianischem Zwiespalt zeigt (und beispielsweise die *parties séparées du corps* zu einem ihrer zentralen Motive erhebt). Zum anderen aber erweist sich Bove, der weitaus diskreter als die phantastische Literatur mit der Verselbständigung des Körperlichen umgeht, als kühner Neuerer des 20. Jahrhunderts, dessen Figuren etwa Duhamels Salavin nahestehen, kafkaeske Entfremdungsempfindungen kennen und Camus' *Etranger* (1942) mit der ungewöhnlichen Empfindlichkeit seiner Außenhülle verwandt sind. Erinnert man sich in diesem Zusammenhang schließlich an die thematisch einschlägigen *Aufzeichnungen des Malte Laurids Brigge*, so kann man verstehen, wieso Rilke Bove schätzte.

Die Thematisierung des Körpers erfolgt schon in der Eingangssequenz des Romanerstlings *Mes Amis*. Die Beobachtungen in dieser Sequenz macht der Erzähler an sich selbst. In einem solchen Falle wird der intermediäre Charakter des Körpers zwischen Außen- und Innenwelt besonders deutlich. Der Körper ist jetzt das empfindende Ich selbst und ist doch zugleich das wahrgenommene Äußere dieses Ichs, insofern ein Teil der Außenwelt:

"Quand je m'éveille, ma bouche est ouverte. Mes dents sont grasses: les brosser le soir serait mieux, mais je n'en ai jamais le courage. Des larmes ont séché aux coins de mes paupières. Mes épaules ne me font plus mal." (13)

Mit diesen Sätzen beginnt der Roman. Am Anfang steht eine rein physiologisch verortete Feststellung, in der das erwachende Ich regelmäßig von der eigenen Unattraktivität, einer an Verfall und Tod erinnernden Selbstwahrnehmung, überrascht wird. Die negative, zugleich absolut alltägliche und wiedererkennbare Ausgangsempfindung, die normalerweise niemand einer Erwähnung für wert hält, weil die mitspielende Kategorie der Selbsterniedrigung üblicherweise eher aus moralischen oder soziologischen Kontexten hergeleitet wird, setzt sich im zweiten Satz fort. Wieder geschieht dies mit Hilfe einer ebenso realistischen wie, traditionell betrachtet, unwichtigen Beobachtung, die jetzt allerdings schon zementiert wird durch den Hinweis auf einen aus der Schwäche und Vernachlässigung des Protagonisten erklärten rituellen Regelverstoß, desssen sich der Sprecher durchaus bewußt ist. Der dritte Satz enthält die Möglichkeit einer unter den Worten liegenden Tragik, die jedoch durch das strenge Festhalten an der bloßen Oberfläche ganz bewußt ausgespart wird. Denkbare kausale Bezüge bleiben unausgesprochen: Es ist ein Satz, wie man sich ihn ohne weiteres bei Camus vorstellen könnte. Auf vorhergegangenes Erlebtes verweist der nächste Satz etwas deutlicher: Er räumt mit dem Schmerz des voraufgegangenen Tages durch eine metonymische Verneinung auf.

Mit wenigen Strichen, wie sie ähnlich die *école du regard* zeichnen könnte, entwirft Bove das Portrait eines Protagonisten, der keinen Grund hat, den Tag mit Elan anzugehen. Der resignative Gesamtton des Romans und der darin festgehaltenen Begegnungen mit der Welt wird durch die Sequenz des allmorgendlichen Wiederfindens im ohne Enthusiasmus akzeptierten Körper angeschlagen. Die Beschreibung des Bettes, der Kleidung, des ganzen armseligen Zimmers, vervollständigt für den Leser wie für den Protagonisten dieses ernüchternde Bild und Selbstbild. Victor Bâton hat vom Leben, so darf man schon vermuten, nicht viel zu erwarten. Zugleich spürt der Leser von Anfang an, daß diese Literatur ihn nicht per Verschönerung oder Überhöhung aus dem Alltag entführen wird, dafür aber seinen Blick für die vernachlässigten Details (Boves von Beckett unterstrichener „sens du détail touchant") eben dieses Alltags schärfen wird: Insofern erhält er schon eine implizite gattungstypologische Einweisung.

Im selben Roman wird die Beschreibung des Körpers auch genutzt, um das Mißverhältnis zwischen Realität und Imagination des Protagonisten im erotischen Bereich zu verdeutlichen. Lucie Dunois ist die „patronne" des Bistros, in dem Victor Bâton gelegentlich seine Mahlzeiten einnimmt. Sie wird seine Geliebte. In der Szene der ersten Entkleidung der Partnerin sucht er gewisse (auf- und anregende) Details beizubehalten, die ihm von Zeitungsschönheiten her vertraut sind. Aber die Beschreibung der fleischlichen Wirklichkeit, die sich schließlich enthüllt, spottet allen Träumereien Hohn:

"Enfin, elle apparut nue. Ses cuisses débordaient au-dessus des jarretières. La colonne vertébrale bosselait la peau aux reins. Elle était vaccinée sur les bras." (42)

Die erotisch-unerotische Verbindung öffnet der ‚Geliebten' keinen neuen Erlebnis- oder Empfindungsraum. Sie hindert Lucie Dunois nicht daran, pünktlich ihren Dienst anzutreten und Bâton fortan genau so korrekt und gleichgültig zu bedienen wie zuvor und wie jeden beliebigen Gast. Ganz anders hatte die entsprechende Szene mit der imaginären Geliebten, einer Schauspielerin (der erdachte Beruf fungiert bereits als deutliches Signal der irrealen Welt), in Bâtons Vorstellung ausgesehen. Der Liebesnacht gingen elegante Augenblicke der Werbung (z.B. Besuch im Theater, im Restaurant, im Bois de Boulogne) voraus, wobei die Schönheit der Angebeteten stets alle Blicke auf sich ziehen würde. Im Junggesellenappartement eines vornehmen Neubaus (ohne die sonst übliche blätternde Fassade!) würde es dann zum ersehnten Höhepunkt kommen, in dem die nackte Fleischlichkeit von Kostbarkeit überlagert bliebe, der Körper schließlich in Rausch und Ekstase aufginge (also zu jenem Pol der physischen Skala tendieren würde, den Bove gerade nicht als sein ‚wirkliches' Material ansieht):

"J'embrasserais ses mains, son coude, ses épaules. [...] Mon amante grisée se renverserait. Ses yeux deviendraient blancs. Je dégraferais son corsage. Pour moi, elle aurait mis une chemise avec de la dentelle. Puis, elle s'abandonnerait en murmurant des mots d'amour et en me mouillant le menton de ses baisers." (33)

Wie der vorstehende Abschnitt zeigt, ereignen sich solche Momente des Liebesglücks, des körperlichen Entzückens, bezeichnenderweise lediglich im Konditional. Anders sieht es natürlich aus mit dem entgegengesetzten Segment der Skala. Da der größte Teil des erzählten Universums bei Bove im Zeichen des Niedergangs steht, ist es nur natürlich, daß auch der Körper seinen Anteil am Verfall hat. Besonders deutlich wird dies in so erschütternden Erzählungen wie *Un père et sa fille*; *La Coalition*; *La Mort de Dinah*. Aber auch die zärtlich beobachtete Körperlichkeit des anderen kann zu Mißverständnissen führen, wie es der Fall ist in der Erzählung *Rencontre*, wo ein junges Mädchen entsetzt die Gegenwart eines fast Unbekannten zur Kenntnis nimmt und flieht, während der geschockt Zurückbleibende sich fragt, wieso sich das fremde Entsetzen nicht verstörend auf das Funktionieren seines eigenen Körpers auswirkt:

"Je m'étonnai un instant qu'en dépit de la complication de mes pensées, mon corps suivît, sans accident, sa lente évolution." (In: *Monsieur Thorpe et autres nouvelles*, 1988 und 2003, 65)

Das Bewußtsein von der eigenen Körperlichkeit wird auch bereits auf der ersten Seite von *La Dernière Nuit* thematisiert. Arnold leidet an der Sinnlosigkeit seiner Existenz. Seine – zwar einsam, dennoch nicht untheatralisch demonstrierte – Verzweiflung spiegelt sich in seinem Äußeren. Es gibt zahlreiche eindrucksvolle Passagen, die diesen Zusammenhang belegen. Aber gerade die weniger exzessiven Merkmale unterstreichen die Relevanz der transparenten Hülle des Seelischen. So trägt die Physis sogar noch in ihrer Unauffälligkeit den Stempel der Häßlichkeit des Lebens:

"Il ouvrit la bouche, non comme le plongeur qui absorbe sa provision d'air, mais par nervosité. Puis il eut conscience que ce trou au milieu de son visage était laid. Ses lèvres se joignirent de nouveau et le calme revint sur ses traits de jeune homme fatigué et ambitieux." (8)

Eine wichtige Rolle spielt bei der Thematisierung des Körpers das Motiv des Spiegelbildes (wie übrigens auch in den Texten der phantastischen Literatur), sowohl wörtlich als auch metaphorisch verstanden. Der glückliche Armand im gleichnamigen Roman sieht in dem gebeugten Lucien jene Phase seines Daseins wieder, in der er selbst vom Armenschicksal gebeutelt wurde. Noch weiß er nicht, daß es bald wieder sein eigenes sein soll und er selbst die Züge des bemitleideten Freundes tragen wird. Beim zufälligen Treffen sieht er in Lucien den Freund und den Fremden zugleich:

"Il n'avait pas grossi ni maigri. Pourtant il était différent. Il vivait dans son souvenir sans rides, sans coupures, sans cette fossette du menton trop profonde pour qu'il pût la raser." (1977, 24)

Armand bemerkt an Lucien Veränderungen, die zeigen, daß es dem anderen weniger gut ergangen ist als dem noch im Glück befindlichen Protagonisten:

"Je remarquai autour de ses yeux une sorte d'affaissement qui donnait à son visage une expression triste et maladive. A ces endroits, la peau plissée battait à la cadence du cœur." (24)

In *La Coalition* erblickt Nicolas mit einem „sursaut de peur et de dégoût" (227) einen abstoßend aussehenden zerlumpten Bettler, vor dem er vor allem deswegen zurückschreckt, weil er einen Augenblick lang das (noch abgewehrte, in Wahrheit bereits mehr als berechtigte) Gefühl hat, das Bild seiner eigenen zukünftigen Existenz vor sich zu sehen. Im übrigen fungieren die Bündnispartner Mutter und Sohn für einander als Alter ego. Immer wieder sieht Nicolas in seiner verfallenden und delirierenden Mutter den Widerschein der eigenen Zerstörung. Die Mutter ihrerseits heftet von Zeit zu Zeit angstvoll den Blick auf den Sohn, wendet ihn dann wieder ab, wenn sie keinen Hoffnungsschimmer ausmachen kann, oder läßt sich von seinem Anblick und seinen Worten, so unrealistisch sie angesichts der wirklichen Situation auch sein mögen, von der eigenen tiefen Verzweiflung ablenken; doch kann dies immer nur einen kurzen Augenblick lang gelingen:

"Comme si une lueur venait d'éclairer son âme, elle parut se reprendre puis, tout à coup, elle éclata en sanglots." (252)

Bot die Anwesenheit des anderen sogar in den alltäglichen Zwistigkeiten anfangs noch Halt gegen die grausame Indifferenz der Welt („Alors la mère et le fils se regardèrent comme deux complices surpris", 147), so potenziert sich das Erleben des Unglücks mehr und mehr durch das verstörende Miteinander:

"Parfois elle regardait son fils mais c'était comme un moribond qui ne reconnaît plus les siens. On eût dit qu'elle ne le voyait pas." (251)

Nicolas seinerseits weiß nicht, ob er sich nach den letzten Spuren der – Normalität vortäuschenden – Gemeinsamkeit im elenden Zimmer sehnen oder daraus endgültig befreien soll. Im Halbschlaf transformiert sich das eigene Unglück in die imaginären Schreie der Mutter. Die Metamorphose ist körperlicher Ausdruck der makabren Symbiose mit ihrer Enge und Bedrohlichkeit, aus der ihn nur der (symptomatisch so benannte) Freitod befreien kann:

"Ses tempes bourdonnaient. [...] De temps en temps, des sursauts faisaient qu'il se dressait, les yeux hagards, sur son lit. Soudain, il crut entendre un cri déchirant. Il se leva d'un bond. 'Maman, c'est toi qui a crié?' Personne ne répondit." (318)

Oft aber begegnen sich die Protagonisten auch selbst im Spiegel als vertraute Fremde und suchen in ihrem tristen Gesicht nach Spuren der Verheißung, der Hoffnung, die sich meist nur dann finden lassen, wenn sie ihre Zuflucht zu *comédie* und *mauvaise foi* nehmen. Morel, die traurige Gestalt, der entlassene Gefangene, aus der Erzählung *Le Canotier*, fühlt sich, je schlechter es ihm geht, von Spiegeln geradezu magisch angezogen, um den eigenen Zustand zu überprüfen und sich dabei selbst Normalität einzureden: „Les glaces ne m'attiraient pas comme ça avant..." (In: *Monsieur Thorpe et autres nouvelles*, 255, 258f.) Dabei erstaunt ihn seine zunächst mit Erschrecken festgestellte, dann per Selbsttäuschung weggeredete Häßlichkeit. Am Schluß der Erzählung verhilft ihm das Spiegelbild sogar zur Erkenntnis und zum Aussprechen seiner – problematischen, einsamen – Freiheit.

Lesca, der Protagonist des Romans *Un Homme qui savait*, möchte sich nicht mit den kleinen Leuten gemein machen, träumt von besseren Zeiten, aber: „Il se vit dans une glace. Il était bien d'une autre classe, mais si fatigué, si usé, qu'il ne la représentait plus" (162)

Der Held des kurzen Romans *Un Raskolnikoff* weiß nicht viel mit sich anzufangen, als er in seinem Zimmer auf besseres Wetter wartet und sich zum Ausgehen nicht entschließen kann. Der Blick in den Spiegel überzeugt ihn, wieder per Autosuggestion, davon, daß er trotz seiner scheinbaren „inutilité" auf keinen Fall ein bedauernswertes Wesen sein kann:

"'Je ne suis tout de même pas un zéro', murmura-t-il. Il s'approcha d'une glace. 'Toi un zéro!' Avec une brusquerie inattendue, comme s'il eût voulu être impoli, il tourna le dos à son image, puis hésita quelques secondes. Il ne savait que faire." (*La Coalition* suivie de *Un Raskolnikoff*, 331f.)

Das Spiegelbild dient selten, wenn die dargestellte Eigenkörperlichkeit gemustert wird, zur angemessenen Selbsterkenntnis; vielmehr ist es bei Bove meistens Anlaß zur Verstellung, zur Abwendung von der Wirklichkeit, unter der man immer wieder nur leiden könnte.

délicatesse

Begriff und Motiv der *délicatesse*, im Deutschen mit "Zart-" bzw. „Feingefühl", „Takt" nur hilfsweise und unzulänglich wiedergegeben, spielen in der französischen Literaturtradition eine bedeutende Rolle. Das berühmteste Beispiel liefert bekanntlich Prousts *A la Recherche du temps perdu* (1922). Doch auch *La Vie de Marianne* von Marivaux wäre hier zu nennen (1731-41): kein Zufall, daß man den Autor gern als Proust des 18. Jahrhunderts zu bezeichnen pflegt. In Wahrheit sind die literarischen Wurzeln dieses Phänomens intuitiv richtigen psychologischen Reagierens natürlich noch älter; man denke etwa an Pascals *esprit de finesse* und dessen Varianten in der französischen Moralistenliteratur.

Auch Emmanuel Bove macht reichen Gebrauch vom Wort *délicatesse*. Da er es jedoch in den Mund seiner reduzierten Figuren legt, werden sowohl der Begriff als auch das dadurch bezeichnete Phänomen fast immer in die Aura des Kummers, der Groteske oder der Unerreichbarkeit getaucht. Dem Leser wird implizit nahegelegt, die Bemühungen der Figur um die Anwendung und Anerkennung ihrer *délicatesse* gerührt zu belächeln, ihnen niemals vorbehaltlos auf den Leim zu gehen. Das Erzeugen dieses Vorbehalts ist, bei aller Sympathie mit seinen Geschöpfen, die Absicht des Autors: *Délicatesse* hat man noch nicht, weil man ängstlich und empfindlich ist, weil man sie zu haben meint oder sie an sich durch eine böse Welt verkannt sieht.

Unter solchen Bedingungen ist die Frage erlaubt, ob es wahre *délicatesse* überhaupt gibt. Die Problematik der Existenz oder Nicht-Existenz von *délicatesse* ist genau das, woran die Figuren immer wieder leiden, wodurch sie in Verbitterung oder *mauvaise foi*, Unaufrichtigkeit sich selbst gegenüber (à la Sartre), abdriften. *Délicatesse*, auf die Spitze getrieben, würde möglicherweise im Schweigen enden (wie – bei aller sonstigen fundamentalen Verschiedenheit – sowohl Mallarmé wie Beckett wußten), da kaum anzunehmen ist, daß ein Mensch auf den anderen, wenn dieser selbst an der Problematik der *délicatesse* leidend teilhat, mit Worten oder Gesten angemessen zu reagieren vermöchte. Indem aber die Figuren bei Bove, späte Nachfahren Dostojewskis und Vorläufer der in eben dieser Tradition stehenden *supports* Sarrautescher *sous-conversation*, redend die Zuneigung des anderen suchen und dabei immer nur ein Zuviel oder ein Zuwenig zuwege bringen, wirkt fast jeder von ihnen wie ein farbenblindes Chamäleon, um eine ebenso treffende wie einschlägige charakterologische Definition beim großen Nabokov aufzugreifen.

Die Selbstanalyse der Protagonisten fördert häufig eine (behauptete) *délicatesse* zutage, der man mit Vorsicht beggnen muß. Sie ist sich zu sehr ihrer selbst bewußt, als daß man sie ganz authentisch finden könnte. In Wirklichkeit ist sie meist eher ein Gemisch aus Ängstlichkeit und einem erfolglosen Anpassungsbemühen (so schon in *Mes Amis*). Manchmal geht sie auch mit Generosität Hand in Hand, doch wenn diese Generosität der Gefühle und der Gesten nicht honoriert wird, wie es so oft bei Bove in Ehe- und Liebesgeschichten (*Journal écrit en hiver*; *L'Amour de Pierre Neuhart*) der Fall ist, schlägt sie in Verbitterung und Härte um oder kann gar, wie in *Un Père et sa fille*, zur Verzweiflung und an den Rand des Wahnsinns führen. Hier müßte man von einer pervertierten Form der *délicatesse* sprechen, insofern ihr Träger einerseits, ihm selbst vielleicht nicht bewußt, den anderen völlig vereinnahmen will, andererseits seine eigenen Bedürfnisse und Möglichkeiten so lange zurückschraubt, bis es zu einer auto- und fremddestruktiven Explosion kommt. Maurice Lesca in *Un Homme qui savait*, der bezeichnenderweise in Gedanken bisweilen mit Bomben spielt, bringt die Desillusionierung so vieler Bove-Figuren auf den Punkt:

"Alors je pense sans arrêt, et je m'aperçois que j'ai toujours été trompé, que tout le bien que j'ai voulu faire a toujours été ridiculisé, que finalement je suis arrivé là où je suis." (50)

Manchmal ist die *délicatesse* in der Nähe einer *bonté* angesiedelt, die virtuell bleibt und nach Meinung des Protagonisten, über den sich der Autor in solchen Fällen freundlich mokiert, auch virtuell bleiben sollte, da doch die Praxis der *bonté* notwendig hinter ihrem Ideal zurückbleiben, es verunreinigen müßte. Weniger problematisch wird mit dem Phänomen umgegangen, wenn die perspektivegebenden Figuren ihren Blick auf andere werfen. Es gibt Texte, in denen eine auktoriale Erzählstimme und das Urteil des Protagonisten über Mitmenschen auf glückliche Weise zusammenzufallen scheinen. Dies gilt vor allem für *Le Beaufils*. Die Gestalt der Annie wird vielleicht von ihrem Stiefsohn verklärt und überhöht, aber der Erzähler/Autor greift nicht zu korrigierenden Gegenmaßnahmen. So ist Annies Bild das einer einfühlsamen, idealistischen, ästhetisch sensiblen und im besten Sinne altruistischen Frau, die dabei ihre eigenen Vorstellungen vom richtigen Lebensweg letzten Endes doch auch nicht unterdrückt und vernachlässigt. Und deshalb muß sie zu ihrem Erstaunen feststellen, daß sie trotz oder wegen der *délicatesse* ihrer Empfindungen in ihrer Umgebung Widerspruch und Verärgerung hervorruft: Es ist nicht möglich, feinere und grobere Psychen auf einen gemeinsamen Nenner zu trimmen, zu künstlicher Harmonie zu vereinen. Der jugendliche Protagonist, der Annie anbetet, dem sie das Maß aller Dinge, auch das Beste und Innerste seiner eigenen gelebten Vergangenheit und ersehnten Zukunft ist, verliert darüber die Rücksichtnahme auf eine ihm ihretwegen widerwärtige Umgebung, auf die er sich doch zuvor selbst freiwillig eingelassen hat. Er vermag Annies *délicatesse* in sein Leben nicht auf die angemessene Weise zu übertragen; es ist nur konsequent, daß sie ihn in die ebenso ungewisse wie chancenreiche Freiheit entläßt.

Eine Figur der *délicatesse* ist auch und vor allem die Mutter in *La Mort de Dinah*, deren Taktgefühl es ihr verbietet, sich anderen aufzudrängen. Aber zugleich ist diese Behutsamkeit im Umgang mit der Welt und den Menschen ein Mangel an kämpferischer Energie, den sie erst, gleichsam tollkühn und schnell von Reue heimgesucht, auszugleichen sucht, als es zu spät ist. Die übergroße *délicatesse* der Mutter trifft überall auf Gleichgültigkeit oder sogar Zynismus und schließlich bestenfalls auf eine verschüttete *délicatesse* wie die ihres (perspektivegebenden) Nachbarn, der sie zunächst bewundernd beobachtet, sich dann durch ihr Ansinnen um materielle Hilfe peinlich berührt fühlt und erst zu spät die eigene – verschüttete – generöse Natur wieder in sich aufleben läßt. Die *délica-

tesse der Mutter ist nicht völlig schuldlos an der Tragödie der hilflos ausgelieferten Tochter. Man sieht: die Vornehmheit einer besonderen Natur muß in der Faktizität der Welt notwendig ambivalent bleiben.

Gäbe es nur Frauen wie Annie, Dinahs Mutter oder auch Colette (*Un Caractère de Femme*), so käme wohl niemand auf die Idee, Bove der immer wieder kolportierten Misogynie zu zeihen. Aber es gibt die vielen anderen, die sich ohne jede *délicatesse* im Leben des Protagonisten einnisten, um es zu zerstören: törichte Ehefrauen und Geliebte oder schreckliche Mütter und Töchter (z.B. in *Journal écrit en Hiver*; *L'Amour de Pierre Neuhart*; *Le Piège*; *Un Père et sa Fille*; *Le Beau-fils*; *L'Impossible Amour*). Die männlichen Hauptfiguren hingegen praktizieren meist eine blinde – und damit im Grunde auch getrübte – *délicatesse* nicht nur im letztlich selbstzerstörerischen Engagement für die geliebte Frau oder den vermeintlichen Freund; sie legen sie sogar auch in Momenten völliger Einsamkeit an den Tag, weil sie in einer potentiell immer übelwollenden Menge nicht auffallen wollen. Ihre *délicatesse* ist dann jener Ängstlichkeit verwandt, die an der Zusammensetzung des typischen Bove-Charakters immer einen bedeutenden Anteil hat und Reden wie Schweigen, Aktion wie Inaktion mitbestimmt. *Délicatesse* kann sich schließlich sogar die durchschaute Lüge der geliebten Ehefrau, die ihr Ausbleiben über Nacht umständlich mit einer phantastischen Geschichte erklärt, noch als eine Form der *délicatesse* schönreden:

"Il serra sa femme contre lui. Il ne la croyait pas. Il avait la conviction profonde qu'elle avait menti. Mais, tout à coup, il lui était apparu qu'il approchait de la vieillesse et qu'il valait mieux que de tout perdre, souffrir silencieusement pour avoir la joie de vivre près de celle qu'il aimait et qui avait tout de même assez de respect et d'amitié pour lui pour se donner la peine de mentir." (*Est-ce un Mensonge?* In: *Henri Duchemin et ses Ombres*, 232f.)

Die *délicatesse* des Protagonisten erwächst dann aus jener fast biologischen Resignation, mit der viele der Boveschen Helden schon auf die Welt gekommen zu sein scheinen.

maladresse

Dem blinden Chamäleon gelingt es naturgemäß nur unzureichend, sich seiner Umgebung anzupassen. Die Boveschen Helden, die nicht auffallen wollen, tun gerade das immer wieder auf oft geradezu plakative und peinliche Weise. *Délicatesse* und *maladresse* liegen in ihrem Wesen nicht nur nahe beieinander, sie scheinen sich gegenseitig fast zu bedingen. So ist das junge Mädchen in *Une Fugue* außerstande, in seiner verzweifelten *délicatesse* die Freundin richtig zu behandeln; es überfällt sie mit seinem zwanghaften und als aufdringlich empfunde-

nen Geständnis eines erfundenen moralischen Versagens. In der Erzählung *Une Illusion* wird der Sachverhalt der unangebrachten und ungeschickten Mitteilsamkeit als Wesenszug des Protagonisten thematisiert und gleichzeitig so vertieft behandelt, daß der Leser ihn als grundsätzliches linguistisch-philosophisches und ontologisches Problem erfassen und nachvollziehen kann und soll:
"Ses paroles étaient toujours en-deçà de sa pensée. Et quand il lui était advenu de s'épancher auprès d'un ami, il voyait en son esprit les causes les plus profondes de sa solitude ou de sa détresse, il voyait le besoin immense d'affection qui débordait de son cœur, il voyait l'immense pitié qu'il avait pour ses semblables, pitié non pas de leur situation, mais de leur faible condition humaine cependant que ses paroles balbutiaient les mêmes mots pour des sens divers et qu'il sentait tout à coup qu'il s'éloignait d'eux à mesure qu'il parlait." (In: *Monsieur Thorpe et autres nouvelles*, 96)

Bereits in *Mes Amis* fällt der unangebrachte und unheilvolle Bekenntnisdrang auf, der sich durch das Gesamtwerk des Autors zieht und ihn, wie man zur Genüge festgestellt hat, als Erben Dostojewskis ausweist. Auf eine beiläufige Bemerkung hin, die ihm gefallen hat, möchte der einsame Victor Bâton unbedingt die Freundschaft des Sprechers Henri Billard gewinnen. Dabei überträgt er seine eigenen Empfindungen auf den anderen, sieht in ihm jene vorbehaltlose Offenheit und Selbstlosigkeit, die dem falschen Freund in Wahrheit völlig abgeht. Diese psychische Kindlichkeit macht den Protagonisten zur leichten Beute für durchtriebene Erwachsene, die das Gesellschaftsspiel Leben durchschauen, ob sie es nun unten bestreiten wie Billard oder oben wie der reiche Monsieur Lacaze, der seine wahre Natur zeigt, wenn man seine professionelle Freundlichkeit als persönliche Zuwendung und individuelles Interesse mißversteht. Die horrende Ungeschicklichkeit Victor Bâtons könnte man mit positivem Vokabular auch als die natürliche Unangepaßtheit des reinen Toren bezeichnen, wüßte man nicht, daß der Autor ein solches Maß an mangelnder Welt- und Menschenkenntnis nicht nur mit Sympathie, sondern auch mit leichter Ironie zur Schau stellt, dem Spott nicht nur der grobgestrickten anderen, sondern in gewissem Maße auch des grundsätzlich wohlgesonnenen Lesers aussetzt.

Unbeholfen, in einer Mischung aus Selbstüberschätzung, Mitgefühl, Einsamkeit und Verlangen nach Zärtlichkeit, nähert sich der Bovesche Protagonist jungen Mädchen, die für ihn eigentlich aus den verschiedensten Gründen tabu sein müßten: der (körperbehinderten) Geliebten Henri Billards (*Mes Amis*), der kleinen Schwester des armen Freundes Lucien (*Armand*), der in einer anderen sozialen Welt beheimateten Tochter des reichen Monsieur Lacaze (*Mes Amis*). Naturgemäß enden alle diese ungeschickten und tabuisierten Annäherungsversuche in einer Katastrophe. Geradezu lebensgefährlich wird die Ungeschicklichkeit in *Départ dans la Nuit* und *Non-lieu*. Der Protagonist ist jetzt nicht mehr nur in seiner verletzlichen Seele, sondern in seiner bedrohten physischen Existenz auf den Beistand anderer angewiesen. Aber auch in dieser Situation fällt es ihm überaus schwer, das rechte Maß einzuhalten:

"Je me rendis compte alors que j'étais tout le temps sur le point ou de m'emporter ou d'être trop gentil." (*Départ dans la Nuit*. In: *Départ dans la Nuit* suivi de *Non-lieu*, 23)

Erst im Nachhinein merkt er z.B., daß er sich durch die unnatürliche Nachdrücklichkeit, mit der er einen potentiellen Beschützer (Mondanel) um Geheimhaltung bittet, erst recht verdächtig macht und den anderen möglicherweise geradezu auf die Idee bringt, ihn zu denunzieren:

"Quand je fus dans la rue, j'eus le sentiment de n'avoir jamais été aussi maladroit. Il ne faisait plus aucun doute pour moi qu'après cette visite, Mondanel ne garderait pas mon secret." (266)

Diese Mischung aus unangemessener Offenherzigkeit und ebenso übertriebenem Mißtrauen begründet die permanente selbstquälerische Unsicherheit seiner Lage in *Non-lieu*. In diesem letzten Werk, das der erkrankte Autor verfaßt hat und das – wie übrigens auch *Le Piège*, der erste Band der Kriegstrilogie – erst posthum veröffentlicht wurde, verbindet Emmanuel Bove die *maladresse* und Blindheit des typischen Bove-Helden mit einem kritischen Blick auf seine jüngste Gegenwart, einem Blick, der bereits in mancher Hinsicht jene Demontage des aufrechten Franzosen und seines patriotischen Widerstands gegen die deutschen Besatzer vorwegnimmt, die erst nach einer glorifizierenden Karenzzeit von mehr als zwanzig Jahren genereller Eingang in die französische Literatur finden sollte (u.a. und insbesondere mit Patrick Modiano und Marie Chaix):

"Je m'imaginais que tant que, la guerre gagnée, la paix ne serait pas revenue, il existait entre les hommes une sorte de solidarité qui me permettrait d'aller les voir, de les brusquer sans les prévenir, d'être exigeant, de leur demander les services les plus inattendus puisqu'il s'agissait d'une cause belle, car nous étions tous, en réalité, dans la même affreuse situation. Cela avait déplu." (284)

Die Bovesche *maladresse* liegt in dem Zuviel an ebenso rücksichtsvoll gemeinten wie de facto überquellenden und aufdringlichen Zuwendungen und dem Zuwenig an einer auf den anderen gerichteten intelligenten und kritischen Aufmerksamkeit, die erst ein halbwegs normales Funktionieren des Miteinanders garantieren würde. Insofern ist die erschütternde Einsamkeit des Boveschen Helden ebenso unvermeidlich wie oft genug hausgemacht.

Selbstüberschätzung

Voller Mitgefühl, aber nicht ohne Ironie, sieht der Autor seinen Figuren zu bei ihren hilflosen Bemühungen, sich noch im Scheitern Bedeutung zu verleihen. Sie tun das nicht in der zur Debatte stehenden Gegenwart durch überprüfbare Akte, die in die Welt hinein wirken würden, sondern z.b. durch einen klagenden Blick auf Verletzungen, die ihnen in der Vergangenheit zugefügt wurden, oder durch Aufzählung verpaßter Chancen, unbemerkt gebliebener (vermeintlicher) Talente und (vielleicht tatsächlich vorhandener oder aber nur eingebildeter) charakterlicher Vorzüge. Sie gehen sich und ihren *Imagines* dabei auf den Leim, sind alles andere als Existentialisten, denen die Unaufrichtigkeit (*mauvaise foi*) ihrer Selbstdefinitionen zum Bewußtsein käme. Der Autor nimmt jedoch Rücksicht auf ihre Illusionen und auf ihre Grenzen; er belächelt sie, ohne sie zu denunzieren; er verlangt von ihnen nicht Unmögliches: Er weiß, daß sie nicht dazu taugen, als Helden in der Welt zu wirken und zu bestehen. Und da er keine *littérature engagée* mit moralisch-heroischem Anspruch schreibt, macht er ihnen ihr Versagen und ihre unberechtigt positiven Vorurteile über sich selbst nicht ernsthaft zum Vorwurf.

Diese Art der entlastenden Weisheit hat großen Anteil an dem besonderen Reiz des Umgangs, den Emmanuel Bove mit seinen erzählten Geschöpfen pflegt. Boves Psychologie bewegt sich zwar immer in der Nähe jener kritischen Selbstanalyse, die der Leser von Sartre her als *psychanalyse existentielle* kennt, aber es geht dem mit-leidenden Autor nicht in erster Linie darum, die *mauvaise foi* und ihre Wurzeln unbarmherzig ans Tageslicht der Analyse zu zerren. Dafür ist ihm die Gebrechlichkeit und Zerbrechlichkeit seiner Figuren immer zu sehr gegenwärtig; dafür weiß er nur zu gut, daß sie für ihr bißchen armseliges Überleben geradezu darauf angewiesen sind, sich ein wenig über sich selbst zu täuschen. Daß andererseits diese durchaus zur Megalomanie tendierende Selbsttäuschung armer Versager komisch wirkt, ist nicht etwa ein bedauerliches Nebenprodukt des Analyseansatzes, sondern eine wichtige und unverzichtbare Farbe des spezifischen Klangs der Textualisierung, ein charakteristisches Ingredienz der typischen Bove-Atmosphäre.

Für die Selbstüberschätzung der Protagonisten finden sich denn auch zahlreiche Beispiele im Gesamtwerk, von denen im folgenden einige herausgegriffen seien.

Die Überheblichkeit der Protagonisten nimmt vor allem den moralischen Bereich für sich in Beschlag. Doch bei denen, die nicht (wie Victor Bâton) von Anfang bis Ende des Textes als Strandgut des Krieges in Erscheinung treten, zeigt sich auch ein ebenso ausgeprägtes wie nicht befriedigtes Karrieredenken. Der Protagonist in *La Mort de Dinah* träumte davon, ein großer Architekt zu werden.

Als Bauunternehmer findet er einen angesehenen und soliden Platz in der Gesellschaft, doch nagt in ihm der Wurm des Versagens vor dem selbst gesteckten Ziel, dem unerreichten Ideal. Mit einem an Pedanterie grenzenden und geradezu lächerlichen Perfektionismus, der vor allem bei der Konstruktion des eigenen Hauses durchschlägt, kompensiert er den Mangel:

"Architecte et entrepreneur, Jean Michelez avait voulu, en ce qui concernait sa villa, atteindre à la perfection, à une perfection que l'on n'eût pu espérer sans être de la partie." (67)

Der Vater in *Un Père et sa fille* wollte durch ein ausgeklügeltes Spezialistentum aufsteigen, mit dem er sich jedoch nur Feinde machte:

"Pour se détacher de la foule des arrivistes, des gens sans conscience, qu'il sentait grouiller autour de lui dans les antichambres de ces officines, il résolut d'acquérir des connaissances techniques dans une spécialité. Au lieu de s'éparpiller dans toutes les voies, il se dirigerait vers un seul but, usant, pour l'atteindre, de toutes ses forces. Alors, son expérience et ses capacités le rendraient indispensable et les capitaux viendraient tout seuls." (158) "La spécialisation complète, absolue était, selon lui, le seul moyen de sortir de la médiocrité. Il y croyait comme à une religion." (a.a.O., 159)

Seine Bemühungen zahlen sich nicht aus, seine Träume gehen nicht in Erfüllung. Seine Familie versorgt er schließlich mit Hilfe eines Frisiersalons, den er erworben hat und in dem er selbst tätig ist. Doch empfindet er diese Tätigkeit und diesen Stand als Schande, die er vor den Freunden der Tochter unbedingt zu verheimlichen sucht. Sein unglückliches Bewußtsein macht ihn verlegen und ungeschickt. Sein Stolz ist bereits gebrochen, bevor Frau und Tochter ihm durch ihre Gleichgültigkeit das Herz brechen.

Es ist charakteristisch für viele Bove-Protagonisten, daß sie sich eigentlich einer höheren Schicht zugehörig fühlen, die de facto nicht die ihre ist. Deshalb können sie es kaum ertragen, sich in Gesellschaft von niedriger oder gleichrangig Gestellten aufhalten zu müssen; ihre Selbstüberschätzung greift über die Standesgrenzen hinaus in einen vornehmeren Bereich, in dem sie auch ihre *délicatesse*, vielleicht nicht einmal immer ganz zu Unrecht, besser aufgehoben wähnen: „[...] j'ai pris le honteux travers de me sentir diminué par la présence à mes côtés de toute personne inférieure ou même égale à la mienne." (*Mémoires d'un Homme singulier*, 79)

Alexandre Aftalion, Held der Erzählung *Aftalion, Alexandre* und Vater des Nicolas Aftalion der *Coalition*, versteht sich in philosophischer Hinsicht als Ausnahmemensch. Nicht ohne freundlichen Spott läßt ihn der Autor mitleidig auf die völlig sinnlos scheinenden Existenzen um ihn herum herabblicken, die eines Tages jemanden finden sollten, der ihnen ihre *raison d'être* vermittelt. Und dieser eine, der Erlöser gleichsam, wird er sein:

"Il avait conscience que dans la foule des estropiés, des fous, des malheureux, devait inéluctablement naître un jour un homme qui révélerait à ses semblables leur raison d'être. Et, de toutes ses forces, il avait tendu à être cet homme. Ses moindres gestes près d'une fourmilière, il les voyait grandis comme si un être gigantesque les eût répétés au-dessus de lui. Mais, en vieillissant, ses pensées devinrent moins excessives. Il accepta ses limites. Le sentiment d'avoir été plus loin que tout autre l'emplit de fierté." (*La Coalition* suivie de *Un Raskolnikoff*, 31)

Sein Sohn Nicolas hat zwar nicht den hochfliegenden Idealismus des Vaters geerbt, wohl aber dessen Bewußtsein, etwas Besonderes zu sein. Ohne die philosophischen Anstrengungen des Vaters, sein Nachdenken über die *condition humaine*, überhaupt erst in Angriff zu nehmen, ohne sich wirklich für *autrui* zu interessieren, ohne im übrigen auch nur irgendwelche besonderen Talente aufzuweisen, definiert sich der Träumer leichten Herzens als außerordentlich: „Il aimait à s'imaginer qu'il était un enfant prodige." (49) Wir wissen bereits, wie furchtbar sein Weg in Wahrheit verlaufen und enden wird. Doch selbst im Leiden behauptet er noch seine Sonderstellung: „Il lui apparut alors qu'il n'y avait pas au monde de douleur plus grande que la sienne." (317)

Viele Figuren, die eine unauffällige und bescheidene Existenz leben, sind der Ansicht, daß sie eigentlich als Ratgeber taugen würden (so etwa in *Un Homme qui savait* und *Un Père et sa fille*) und so auch behandelt werden sollten. Nicht ohne Selbstironie stellt der Protagonist in *Un Homme qui savait* fest:

"Quoi de plus légitime qu'un homme qui recherche la considération, dont la démarche, la voix, les gestes, sont façonnés par cette ambition, soit obligé de faire des démarches humiliantes! Il était fait pour donner des conseils, pour protéger et il fallait qu'il allât solliciter les gens." (13)

Und eine ganze Reihe der Bove-Protagonisten, so schon Victor Bâton in *Mes Amis* („On me considère comme un fou. Pourtant, je suis bon, je suis généreux", 93), sind von ihrem hohen moralischen Wert durchdrungen. Sie bringen diese Auffassung im inneren Monolog der ersten oder im *style indirect libre* der dritten Person zum Ausdruck. Niemand, so finden sie, weiß, wie groß ihre „bonté" ist, wieviel Menschenliebe sie empfinden, wie weit ihr (meist leider latent bleibender und damit in Komik eingebetteter) Altruismus reicht:

"Dieu sait comme je suis généreux, Dieu sait toutes les bonnes actions que j'ai faites." (*Mes Amis*, 207)

Es ist derselbe mittellose Victor Bâton, der in der Erzählung *Un autre Ami* durch das Füttern von Vögeln seine innere Größe demonstriert und dabei natürlich zu einer komischen Figur mutiert:

"J'aime à donner du pain aux oiseaux. Je fais cela parce que c'est le signe d'une âme généreuse." (In: *Henri Duchemin et ses Ombres*, 60)

Entsprechend interpretiert er auch die freundlichen Blicke eines Unbekannten („J'avais conscience de ma grandeur", 62), läßt sich von ihm seine Anerkennung aussprechen und glaubt, sein Herz gewonnen zu haben: nur um am Ende ernüchtert feststellen zu müssen, daß es dem anderen gefällt, Arme, ohne Unterscheidung ihrer Individualität, zu protegieren („Je me souviendrai toujours de cette journée radieuse qui fut pour moi une des plus tristes de ma vie", 81).

Nicht ohne – vermutlich unbewußte – gönnerhafte Herablassung spürt Armand (im gleichnamigen Roman) in der Begegnung mit dem in Armut lebenden Lucien, wie sehr sein Herz von Zuneigung für den vom Schicksal Benachteiligten überquillt:

"Mon élan vers lui, il l'ignorait. Je lui en eusse fait part, il eût peut-être cru que je mentais. Il ne devinait pas tout l'amour que je lui vouais." (69)

Ähnlich legt er sich seine Gefühle für Luciens kleine Schwester zurecht: „Elle ne comprenait pas toute l'amitié que je lui portais." (120)

Die Erkenntnis der Mittelmäßigkeit der Gefährten, Geliebten, Ehefrauen und schließlich des eigenen tatsächlich gelebten Lebens verbindet sich mit dem immer wieder aufkommenden Gedanken, daß den Protagonisten eigentlich etwas ganz anderes zustünde:

"Derrière tous mes actes, toutes mes passions, il y a ce sentiment que je suis placé au centre d'un monde qui n'est rien et que tout ce qui m'arrive n'est qu'une misérable caricature des événements que j'aurais dû vivre." (*Journal écrit en hiver*, 44)

Albert Guittard (*Un Célibataire*) genießt die Macht, die er über andere zu haben glaubt, weil er angebliche Geheimnisse in fremden Ehen preisgeben könnte und dies aus „Güte" nicht tut. Bald muß er erfahren, daß man sich in Wahrheit über ihn lustig gemacht hat. Am Schluß des Romans rächt er sich durch die Verbindung mit einer Frau, die er sich schön und liebenswert (letzteres ist sie übrigens vielleicht wirklich, aber darum geht es nicht) redet, um sich in seiner Selbsteinschätzung wieder ins Zentrum der Dinge rücken zu können. Die Welt um ihn herum mag sein, wie sie will: Der kleine Kreis, dessen Mittelpunkt er bildet, zählt nun allein, Guittard läßt sich von seiner imaginären Überlegenheit durch nichts mehr abbringen.

Den Schluß des ersten Romans (*Mes Amis*) nimmt der Leser mit Rührung zur Kenntnis. Victor Bâton, der am Ende sogar noch ohne das armselige Zimmer dasteht, das er als sein Zuhause empfinden konnte, sieht sein Fortleben im Herzen der Kinder gesichert, zu denen er freundlich war:

"De même que je me rappelle un monsieur qui, quand j'étais petit, me donna quelques sous, de même beaucoup d'enfants se souviendront de moi lorsqu'ils auront grandi, car souvent je leur fais des cadeaux.

C'est une joie immense de savoir que j'existerai toujours dans ces âmes." (207)

Dieses imaginäre Fortleben ist ebenso illusorisch wie die künstlich genährte kindliche Freude, die in der rauhen Wirklichkeit der Erwachsenenwelt, der anzugehören den Bove-Figuren einfach nie richtig gelingen will, keine Chance hat. Realistischer, wenngleich ebenfalls in den typischen extremen Kategorien ausgedrückt, ist die Perspektive, mit der Bove im Jahre 1939 die (in dieser Hinsicht durchaus autobiographischen) *Mémoires d'un Homme singulier* abschließt:

"Il y a une chose dont je suis sûr, si une nouvelle guerre éclatait, je serais cette fois un héros, ou je serais tué." (253)

In *Départ dans la Nuit*, als es nun wirklich zum Krieg gekommen ist, beobachtet der Protagonist, der, wir erinnern uns, bei der Flucht zwei deutsche Wachen erschossen hat, voller Angst um sein eigenes Schicksal das Verhalten der Kameraden, die zu Denunzianten werden könnten. Zugleich redet er sich seine Überwachungsstrategien als Sorge um die anderen ein und adelt damit sein angstbesessenes Tun als Selbstlosigkeit:

"Que faire dans une situation pareille, que faire quand la gentillesse et la bonté ne nous attirent pas la sympathie de notre entourage?" (95)

Das Verständnis des Lesers für die begründete Panik des Helden in schlimmer Lage darf dabei nicht den Blick verstellen für das, was in Sartres Augen *mauvaise foi* wäre: für die Unaufrichtigkeit gegenüber sich selbst, seine – wie in anderen, harmloseren Kontexten – immer wieder aufscheinende Tendenz zur Beschönigung und Idealisierung seiner wahren Motive.

Einsamkeit

Ob als Faktizität oder als Lebensgefühl: das Motiv der Einsamkeit durchzieht Boves Gesamtwerk und gibt den Figuren ihr charakteristisches Profil. Dabei wird schon in *Mes Amis* auf die Doppelwertigkeit des Phänomens verwiesen, eine denkbare positive Konzeption der Einsamkeit jedoch für den typischen Bove-Protagonisten abgelehnt:

"Ah! la solitude, quelle belle et triste chose! Qu'elle est belle quand nous la choisissons! Qu'elle est triste quand elle nous est imposée depuis des années!

Certains hommes forts ne sont pas seuls dans la solitude, mais moi, qui suis faible, je suis seul quand je n'ai point d'amis." (212)

Was Victor Bâton über sich selbst sagt: daß die Einsamkeit nicht Ergebnis seiner freien Wahl sei, sondern schicksalhaft auferlegte Not, könnten ihm die meisten Figuren des Bove-Werkes nachsprechen. Sogar die wenigen, die alle Bindungen kappen, tun es nicht mit innerer Freiheit, sondern getrieben von

schmerzlicher Desillusion. Eigentlich wollen sie alle ja nicht allein sein. Sie leiden darunter, nicht geliebt zu werden, sich nicht mit wahren Freunden umgeben zu können. Deshalb sind die meisten von ihnen ständig auf der Suche nach *autrui*, zugleich aber voller Mißtrauen und Ängstlichkeit, weil sie in der Lebensphase, in der sie dem Leser präsentiert werden, bereits auf eine Kette von Enttäuschungen zurückblicken können. Nicht immer wird dies von Anfang an nach außen sichtbar. Pierre Neuhart beispielsweise scheint keine Mühe zu haben, gleichsam im Vorübergehen Kontakte zu knüpfen, sich mit Fremden zu unterhalten:
"Il avait cette indifférence de ceux qui se lient facilement. Mais il ne lui venait jamais à l'idée qu'une suite pût être donnée à ces entretiens. Dans le train, dans la rue, au café, il répondait aux gens les plus lointains qui lui adressaient la parole, distraitement, et justement parce qu'il était visible qu'il n'attendait rien, il inspirait confiance." (*L'Amour de Pierre Neuhart*, 19)
Wie man sieht, ist die Basis dieser Leichtigkeit jedoch Resignation, eine Resignation, die sich für ihn und andere so lange als schonend erweist, bis der bislang in Wahrheit Einsame („[...] la solitude lui semblait plus réelle que cette présence à son côté", 40) sein ganzes Wesen vorbehaltlos an eine Frau verliert, die ihn bitter enttäuscht, weil sie außerstande ist, seine fundamentale Einsamkeit, sein schmerzliches Liebesverlangen sowie den ungeschickten Ausdruck des Übermaßes seiner Empfindungen zu begreifen und auch nur halbwegs angemessen zu erwidern. Nach der Katastrophe der Trennung lernt Pierre Neuhart eine neue Art von Einsamkeit kennen, die des Heruntergekommenen, Verstoßenen, der in völliger Gleichgültigkeit gegenüber sich und der Welt gewissermaßen zu einem beliebigen Gegenstand unter anderen Gegenständen mutiert ist: „Il était seul. Il pouvait tomber qu'on l'eût porté dans une pharmacie comme une chose." (116) Die erneute – zufällige – Begegnung mit der ebenso unvergessenen wie undankbaren Geliebten, die sein Leben erfüllt und zerstört hat, beweist noch einmal, wie unvereinbar ihrer beider Welten sind. Während ihn im Angesicht ihrer neuen forschen Mediokrität der Erinnerungsschmerz überwältigt, kommt ihr eine im Verhältnis zu seiner (alten und neuen) Wirklichkeit völlig und auf geradezu groteske Weise deplazierte Floskel über die Lippen: „Mais vous ne m'avez pas dit si vous pensiez quelquefois à moi. Il faudra me le dire, la prochaine fois." (122) Man sieht: gerade in der Ironie dieser Begegnung wird das volle Maß der unaufhebbaren menschlichen Einsamkeit manifest.

Auch der Schreiber des *Journal écrit en hiver* ist, obwohl er lange, bis zur tristen und gewaltsamen Trennung, mit Madeleine zusammengelebt hat, eine Figur der Einsamkeit. Zugleich hat er zu eben dieser Einsamkeit ein gespaltenes Verhältnis. Er weiß, daß er im Miteinander, sei es die Ehe, sei es die Freundschaft, immer wieder nur getäuscht und enttäuscht wird, daß er eigentlich auf Grund sei-

ner Ängstlichkeit und Empfindlichkeit allein leben sollte, und doch erfüllt ihn diese Vorstellung mit Entsetzen:
"Je suis fait pour vivre seul, mais je ne puis rester seul." (33f.) "Un homme comme moi est fait pour vivre seul, sans affection, sans amis. Dieu sait pourtant à quel point mon cœur brûle d'aimer." (a.a.O., 182)

So sucht er mit allen Mitteln Begegnungen herbeizuführen, sie in die Länge zu ziehen, den anderen festzuhalten. Er freut sich im Voraus auf ein Treffen und kann es nicht ertragen, wenn jemand es sich einfallen läßt, vorzeitig zu gehen. Zugleich sind ihm die Kontakte sofort wieder lästig und ärgerlich: „Je n'ai plus qu'une pensée: partir. Mais je n'en ai pas la force, tellement me fait horreur le moment où je vais me retrouver seul." (34) In dieser Mischung aus Sehnsucht nach Gesellschaft und Verlangen nach Einsamkeit überfällt ihn immer wieder „souffrance", die letztlich nicht getilgt werden kann. Das permanente Bewußtsein der Verlassenheit in einer lieblosen Welt läßt ihn schließlich sogar ohne konkreten Anlaß in Tränen ausbrechen. (Boves Protagonisten weinen häufig, weitaus häufiger, als es sonst bei männlichen literarischen Figuren der Fall ist.) Sucht er Trost, so fällt dieser selbst bei wohlmeinenden Freunden unangemessen aus, weil *autrui* ihn und seine grundsätzliche Untröstlichkeit nicht versteht, ihn mit freundlichen – klischeehaften – Worten abspeist und damit vollends in die Einsamkeit zurückwirft („comme j'ai senti que nous étions loin l'un de l'autre", 74).

Ambivalent wie dieses Grundgefühl seiner Existenz im Verhältnis zu *autrui* ist natürlich auch die spezifische Beziehung zu Madeleine, die er sowohl halten wie gehen lassen möchte und die ihm, der, wie er sich selbst eingesteht, nicht weiß, was er eigentlich will, schließlich zu seinem Entsetzen und seiner Erleichterung die Entscheidung abnimmt. Das Selbstmitleid des Boveschen Protagonisten stellt ihn insofern in krassen Gegensatz zum existentialistischen Helden, als Sartre seine Figur so anlegen würde, daß man sie ihres selbstgewählten Zauderns und mangelnden Engagements in die Welt hinein als Leser verurteilen sollte und verurteilen würde. Bove aber beobachtet seine schwachen Geschöpfe, wenn auch nicht ohne leise Ironie, so doch letzten Endes mit Verständnis und tiefem Mitgefühl, präsentiert sie als Alter ego sowohl seiner selbst als auch eines sensiblen Lesers (nur einem solchen erschließt sich Boves Welt).

Denn einsam ist jeder von ihnen: unter ‚Freunden' und Kameraden (*Mes Amis*; *Un Soir chez Blutel*; *Henri Duchemin et ses Ombres*; *Départ dans la Nuit*; *Non-lieu*), in der Familie (*Une Fugue*; *Un Homme qui savait*; *Aftalion, Alexandre*; *Un Père et sa fille*), in Liebe und Ehe (*L'Amour de Pierre Neuhart*; *Un Caractère de femme*; *Journal écrit en hiver*). Fremdheit und Verständnislosigkeit der Welt können dabei zur Tragödie führen (*La Dernière Nuit*; *La Mort de Dinah*; *La Coalition*); der Mensch, der einem mehr als jeder andere Helfer, Stütze, Mit-Leidender sein müßte – der Protagonist in Not hat ja recht, wenn er in diesem Sinne an seine Ehefrau denkt und von ihr Rettung erwartet –, entpuppt sich als leichtfertig, kaltherzig, vielleicht sogar als – bewußt? unbewußt handelnder? – Verräter und damit geradezu als mörderisches Monster, und der Verratene ahnt es und fühlt, daß Reden, die sich notgedrungen immer an den Rändern der Oberfläche entlanghanteln, den Abgrund nur vertiefen (*Le Piège*, 170). Auch Bove schreibt sein *L'Enfer, c'est les autres*. Und da, wo Menschen vielleicht wirklich das Zeug hätten, den einzelnen aus seiner Vereinsamung zu erlösen, bleiben sie unerreichbar (*Le Beau-fils*) oder werden mit krankhafter Arroganz abgewiesen (*Un Caractère de femme*).

Es gibt kein Entkommen aus der Einsamkeit; sie ist, sei sie gewollt, sei sie ungewollt, das wahre Gesicht der *condition humaine* bei Emmanuel Bove.

Sehnsucht

Zwischen Einsamkeit und Sehnsucht besteht eine kausale Beziehung, die nicht nur in einer Richtung funktioniert. Sehr oft, in den meisten Fällen vielleicht, erwächst die Sehnsucht aus der Einsamkeit, sucht dieser zu entkommen, sie aufzuheben. Daher die zahlreichen Anstrengungen, Freunde, Geliebte, Partner zu finden: fast immer enttäuschend, von Anbeginn an vorwiegend dem Konditional zugeneigt, das sich der Realisierung verweigert. Es ist die sprachliche Domäne des „Si j'étais"; „Je voudrais". Auf einen zusammenfassenden Nenner gebracht, handelt es sich zum einen um die Sehnsucht nach Liebe, zum anderen um die Sehnsucht nach Reichtum. Man könnte es schockierend finden, daß ein immaterieller, idealer Bereich in unserer Darstellung derart eng und hart mit dem materiellen *par excellence* verknüpft wird. Aber diese Nachbarschaft ist bei Bove aus guten Gründen tatsächlich gegeben, wie wir an vielen Passagen seines Gesamtwerkes sehen können. Bei der Sehnsucht nach Reichtum geht es nicht um die Anhäufung von Besitz und Macht; es geht meist nicht einmal um das berühmt-berüchtigte biblische „Machet euch Freunde mit dem ungerechten Mammon"; es geht vielmehr um die ästhetische Transformation einer Welt, in deren faktischem Grau die Liebe eben, so bedauerlich das auch sein mag, offensichtlich keine realistische Chance hat. Die Doppelsehnsucht nach Liebe und Reichtum hat bei Bove etwas Kindliches, geradezu Märchenhaftes an sich, entbehrt nicht der rührenden Reinheit. Da aber die Märchen nicht Wirklichkeit werden, operiert die kausale Beziehung auch umgekehrt, wendet sich die Sehnsucht von den enttäuschenden anderen, der enttäuschenden Welt ab und hin zur Einsamkeit.

Oft sind es nur diffuse Sehnsüchte, „ambition", „aspiration", „espoir", die sich auf nichts Besonderes und auf alles richten können. Daß sie nicht mit bestimmten Anstrengungen verbunden sind, zeigt sich besonders deutlich in den

Gefühlen und im Verhalten des Sohnes in *La Coalition*, den es, solange seine Physis noch mitmacht, einfach nur nach „distractions" verlangt. (321) Dort ist auch vage von „partir" die Rede, wenn eine provisorische (äußere) Schönwetterlage Sehnsucht nach permanenter Sonne in anderen Ländern weckt („pays lointain" wie in Camus' *Le Malentendu*, 1944), zugleich aber wird, da man um die Unaufhebbarkeit der eigenen Elendssituation nur zu deutlich weiß, kompensatorisch-masochistisch die Veränderung der Wetterbedingungen zum Schlechteren hin herbeigewünscht (324).

In den meisten Fällen jedoch geht es um die Sehnsucht nach Freundschaft, Liebe, Reichtum, wobei das Verlangen nach letzterem, dies ist noch einmal festzuhalten, nichts mit der prinzipiellen Beseitigung sozialer Mißstände oder gar mit politischem Klassenkampf zu tun hat, sondern eine individuelle – eher poetische – Transformation der grauen in eine vergoldete Welt meint, in eine Parzelle des Glücks, auf die jeder Mensch Anspruch hat (oder doch haben sollte).

Alle diese Aspekte der Sehnsucht sind schon artikuliert in *Mes Amis*, dem großen Erstlingsroman mit dem bezeichnenden Titel, dessen Einlösung in den diversen Binnenerzählungen des Romans als ironische Karikatur von Freundschaft und Liebe daherkommt. Mit der Verbindung aus erotischer und materiell orientierter Sehnsucht wird auch bereits die Serie jener zahlreichen Konditionalpassagen eröffnet, die das Gesamtwerk Emmanuel Boves durchziehen und von einer Zukunft phantasieren, die deshalb für immer im Status der Unmöglichkeit verbleiben muß, weil sie für ihre Verwirklichung auf neue, de facto aber nicht eintretende Bedingungen angewiesen wäre. In *Mes Amis* nimmt diese Konditionalserie, die mit dem Ausruf „Ah! comme je voudrais être riche!" (30) einsetzt, etwa vier Seiten ein. Beschrieben wird zunächst, immer in der Form des Konditionals, die erdachte vornehme Ausstaffierung Victor Bâtons und die damit einhergehende Eleganz seiner sonst eher linkischen Gesten, dann die „maîtresse, une actrice" (30), ihr bewunderter Auftritt im Restaurant und im Theater, die Fahrt durch den Bois de Boulogne und schließlich die sorgfältig vorbereitete und in Ekstase kulminierende Liebesnacht:

"Ensuite, ce serait l'amour.

Mon amante grisée se renverserait. Ses yeux deviendraient blancs. Je dégraferais son corsage. Pour moi, elle aurait mis une chemise avec de la dentelle.

Puis, elle s'abandonnerait en murmurant des mots d'amour et en me mouillant le menton de ses baisers." (33)

Ihre besondere Profilierung erfährt diese ausführliche Sehnsuchtsphantasie durch die unmittelbare Nachbarschaft mit der Binnenerzählung *Lucie Dunois*, die eine realistische, triste und ernüchternde kurze Sex-Episode darstellt: eine jener armseligen Begegnungen ohne Glanz und ohne Dauer, mit denen sich der traurige Träumer zufrieden geben muß.

Die Sehnsucht nach Liebe als Weg aus der Einsamkeit kann die verschiedenartigsten Formen annehmen. „Comme j'aimerais être attendu à la fois par une mère, une sœur, une femme!", heißt es in *Mémoires d'un Homme singulier*. (205) *L'Amour de Pierre Neuhart* führt die unerfüllbare Sehnsucht des altruistischen männlichen Liebenden vor wie ähnlich *Un Caractère de Femme* das der selbstlosen Frau zu einem kranken Egomanen. Das *Journal écrit en hiver*, das die schwierige und unglücklich endende Beziehung zu Madeleine entwickelt und begleitet (und mit Sicherheit viel zum – wie wir finden, nur partiell gerechtfertigten – Ruf der Misogynie des Autors beigetragen hat), ist erfüllt von „soif d'amour" (33f.), zugleich aber angewidert von den „complications sentimentales" einer inauthentischen ‚Liebe', die der Schreiber eintauschen möchte gegen „lumière" und „amour simple et profond" (127). Das junge Mädchen in *Une Fugue* sehnt sich nach Verständnis in der Familie, der Vater in *Un Père et sa Fille* nach der Reinheit, Nähe, dem Mitgefühl und der Zärtlichkeit seiner Tochter. Das ebenso lebensuntüchtige wie lebenshungrige Unglückspaar in *La Coalition* sehnt sich nach Überlebenshilfe für sich selbst, die verzweifelnde Mutter in *La Mort de Dinah* nach der Rettung ihres Kindes.

Sehnsucht ist Verlangen nach fundamentaler Situationsänderung. Dieses Verlangen kann, wenn es die spezifische Art der Handlung fordert, auch bei Emmanuel Bove durchaus deutlich zeitbezogen sein. Es bedeutet dann z.B. ganz konkret Ausbruch aus der Gefangenschaft oder der politischen Zwangslage der vierziger Jahre wie in *Le Piège* oder *Départ dans la Nuit*, es kann aber auch und vor allem, und das ist in den meisten Romanen der Fall, einem historisch mehr oder minder unsituierten, existentiellen Unbehagen Ausdruck verleihen, dabei bis zu Destruktions- und Autodestruktionsphantasien reichen wie in *Un Soir chez Blutel* mit der (Konditional-)Vorstellung gewollter (imaginärer) Leiden (120) oder wie in *Un Homme qui savait*, wenn der Protagonist in Gedanken (wieder im Konditional) mit der Bombe spielt (20), weil seine „aspirations véritables" so ganz und gar im Gegensatz stehen zur „réalité" (25). Das Unbehagen kann sich schließlich insgeheim als Todestrieb einschleichen wie in *Mémoires d'un Homme singulier*:

"Ah! qu'il serait doux de partir sans argent, sans but, vers notre perte, plutôt que de continuer à vivre dans la dégradation!" (27)

Oft aber handelt es sich auch einfach (wie später in der *sous-conversation* bei Nathalie Sarraute) um das Verlangen nach Zugehörigkeit, nach Normalität (was auch immer das sein mag), nach „égalité" (*Mémoires d'un Homme singulier*, 246) oder, ganz im Gegenteil und als andersartige Regung derselben – unausgeglichenen – Psyche, nach Aufbrechen der tristen Wiederholungsstrukturen, der Routine, des Alltags („Je recommence toujours les mêmes gestes. Cette existence ne peut plus durer", a.a.O., 253). Die Sehnsucht nach einem noch so bescheidenen Platz in der Welt kann geradezu Beckettsche Züge annehmen, wenn etwa der marginalisierte Protagonist in *Un Soir chez Blutel* die überschaubaren „propriétés" seiner Existenz um sich versammeln möchte wie ein Bettler seine Habseligkeiten (32), um sich die Illusion eines Zuhauses zu verschaffen.

Entscheidend ist, daß die Sehnsucht der Innenwelt die äußere Wirklichkeit nicht akzeptieren möchte, daß sie von ihr wegstrebt und sich, diskret, verschämt, ober aber mit (nach außen hin lautlos) lärmendem Schmerz in Trauerkleider der Seele hüllt, die oft auch in der Umwelt (Körperlichkeit, Räume, weitere Umgebung) deutlich sichtbar werden. Unnötig zu sagen, daß die Sehnsüchte, mindestens in den literarisch aufwendigen und überzeugenden Texten des Autors, immer unerfüllt bleiben.

Verzweiflung

Wo die *délicatesse* mit Füßen getreten wird, die *maladresse* Verwirrung stiftet, (echte oder vermeintliche) Überlegenheit keine Anerkennung findet, wo Einsamkeit lähmt, Sehnsucht nach Liebe und ein wenig Glanz im Leben ins Leere läuft, führt der Weg schließlich bei den meisten Figuren in die Verzweiflung. Es gibt ganz verschiedene Formen der Verweiflung: stille Resignation, wie in *Mes Amis* oder *La Mort de Dinah*, tränenreichen Zorn, wie in *La Coalition* oder im *Journal écrit en hiver*, bewußtes Kappen aller Bindungen, ohne daß wirkliche Freiheit entstünde, wie in *L'Histoire d'un Fou*, fortschreitenden Verfall der Außen- und Innenwelt eines Protagonisten, wie in *Un Père et sa fille* oder *L'Amour de Pierre Neuhart*, Delirien und Depressionen, die schließlich bis zum Selbstmord führen können, wie in *La Dernière Nuit* und *La Coalition*.

Eine aparte Form des „désespoir", aus dem Protest gegen das Unverständnis in der Familie erwachsen, wird geschildert in *Une Fugue*. Das junge Mädchen täuscht eine kriminelle Handlung und einen Selbstmord vor, und obwohl beide imaginär, nicht authentisch sind, ist das darunterliegende Gefühl des Unglücklichseins echt und von einer tiefen Verzweiflung getragen, die den letzten Ausbruch, „une fugue", wagt und sich im Gespinst des selbstgefertigten Lügengewebes beinahe wirklich verfangen und zerstört hätte. Daß der Schluß der Erzählung mit dem gemeinsamen Weg zurück in die Familie nicht unbedingt das Ende der Verzweiflung verheißt, liegt auf der Hand. Nicht völlig anders ist das Verhalten des seltsamen Helden in *Un Homme qui savait* zu verstehen. Die mangelnde Anerkennung der Welt, die Mediokrität der Begegnungen, die Haßliebe zur Schwester, lassen den Protagonisten zum Kleinkriminellen und Betrüger werden, ohne daß ihm persönlich daraus ein Vorteil entstünde, es sei denn, vielleicht, die erhöhte Aufmerksamkeit jener irgendwie eben doch besonders vertrauten Schwester Emily, die allerdings eher mit Erstaunen, Mißtrauen, Verstörung und Abscheu reagiert und dem „désespoir" des Bruders kein Gegengewicht zu bieten vermag (oder zu bieten bereit ist).

Soll man die (scheinbar) plötzlich auftretende Misanthropie Fernands in *L'Histoire d'un Fou* als – wahnwitzigen – Akt der Freiheit, als *acte gratuit*, verstehen, oder ist auch sie Ausdruck einer darunterliegenden Verzweiflung, die dem Ungenügen an der Welt und den Nächsten (Geliebte, Verwandte, Freunde) entspringt? Eines Morgens jedenfalls nimmt der Protagonist, der nebenbei, eine Ausnahme im Bove-Werk, sein Schreiben ausführlicher kommentiert als sein psychologisches Verhalten, Abschied von Vater, Schwester, Freund, Freundin und sonnt sich dabei im bizarren Gefühl, festen Willen bewiesen und großen – negativen – Einfluß auf seine Umgebung genommen zu haben (die Selbstüberschätzung ist nebenbei wieder einmal grotesk):

"Pour faire ce que j'ai fait, il faut avoir du courage. Ce n'est pas un monsieur quelconque qui plongera dans la douleur des êtres qui lui sont chers et qui trouvera la force de vivre, comme j'ai décidé à le faire, sans amis." (In: *Henri Duchemin et ses ombres*, 179f.)

Daß es sich bei diesem vermeintlichen *acte gratuit* um den Ausdruck von Verzweiflung handelt, der sich ständig (wie in Maupassants Wahnsinnsprotokoll *Le Horla*, 1887) seiner Klarheit rühmt und doch von tiefster Verstörung zeugt, bestätigt sich am Schluß der Erzählung. Der Abschied von den anderen geht dem Abschied vom Leben, von sich selbst, voraus, über den der Erzähler „am Tag danach" zu berichten verspricht: ein Paradox, das er in seiner „folie" nicht sieht oder nicht wahrhaben will (oder aber dem Leser als makabren Denksport zumutet):

"J'ai une idée. Demain matin, je vais l'exécuter. Alors là, vous serez obligé de comprendre. Surtout n'en parlez pas.

Il faut que cela reste secret afin que personne puisse me gêner. J'irai le long de la Seine... et puis non, j'aime mieux ne rien vous dire maintenant. J'ai mon idée. Tout se passera certainement comme je le pense. Et demain je vous raconterai ce que j'ai fait." (181)

Es ist kein Zufall, sondern erklärt sich aus dem Geisteszustand des Sprechers und seiner geplanten Verzweiflungstat, daß diesem Schlußpunkt kein weiteres Textsegment folgt und folgen kann: Denn wollte der Autor über diese Passage hinaus weiterschreiben, so würde entweder seine Erzählerfigur nicht ernst gemacht haben und daher auch mit ihrer Verzweiflung vom Leser nicht ernst genommen werden können, oder aber es müßte ein auktorialer Außenstandpunkt fixiert werden, der Gesamtanlage und Ton der Erzählung zuwiderliefe. (Anders liegt der Fall bei einer Rahmenerzählung, wie sie beispielsweise Maupassant durch die kontrollierende und kommentierende Präsenz des Psychiaters für die Erstfassung von *Le Horla* bevorzugt.)

Immer wieder wird von den Bove-Figuren ein negatives Fazit ihres Lebens gezogen. Dabei stehen Einsamkeit und Verzweiflung häufig zueinander in Wechselbeziehung. Schon in *Mes Amis* löst die enttäuschende Geschichte um den ‚Freund' Henri Billard, auf den Victor Bâton große Hoffnungen gesetzt hatte, im desillusionierten Protagonisten Verbitterung aus:
"J'étais triste et furieux. L'impression que ma vie tout entière s'écoulerait dans la solitude et la pauvreté augmentait mon désespoir." (93)

Maxime Corton weiß nach dem Abend bei Blutel, daß nun der Augenblick gekommen ist, sich über den Wert seines Lebens keinen Illusionen mehr hinzugeben. In seinem Unterbewußtsein hatte er diesen fatalen Moment schon lange erwartet, dessen Präsenz aber bisher mit Hilfe vager Hoffnungen verdrängt:
"La vie, en laquelle il avait tant espéré, ne lui apportait rien. Jusqu'à présent, il avait inconsciemment attendu le jour où il dirait: 'Ma vie est manquée.' Chaque année, il l'avait reculé sans effort mais pour la première fois, alors que Madeleine un instant distrait suivait des yeux le va-et-vient d'un garçon, il sentit tout d'un coup que ce jour était arrivé." (*Un Soir chez Blutel*, 142)

Im *Journal écrit en hiver* fürchtet sich der Tagebuchschreiber vor jedem neuen Tag. Seine Nerven sind durch das quälende Miteinander einer demütigenden und entwürdigenden ‚Liebe' bis zum Zerreißen gespannt. So weiß er zwar, daß Madeleine ihn nicht wirklich liebt, doch verursacht es ihm ein „mal terrible" (139), wenn dieser Sachverhalt für andere sichtbar wird. Gleichzeitig versinkt alles um ihn herum und in seinem Innern, insbesondere auch die Realität der moralischen Normen, mehr und mehr im Nebel eines faden Einerlei, einer drückenden Müdigkeit:
"Lorsque le découragement me prend, il m'apparaît que rien ne compte sur cette terre, que les plus beaux sentiments comme les plus laids s'engloutissent de la même manière." (167) "La prudence, la compréhension, tout est inutile. Il y a la lassitude et c'est tout." (a.a.O., 191)

Eines der Schlüsselwörter bei Emmanuel Bove heißt „tristesse". Trauer überfällt Victor Bâton und Armand; eine „immense tristesse" liegt sogar über der ganzen Stadt in *Bécon-les-Bruyères* (302) und in *La Coalition* (223), während sich im tristen Hotelzimmer ein „profond désespoir" ausbreitet (*La Coalition*, 102). Das Gefühl der Nutzlosigkeit und Nichtigkeit des Daseins beherrscht den Vater in *Un Père et sa fille* und läßt ihn in selbstzerstörerischer Komplizität Gefallen finden am fortschreitenden Niedergang seiner Existenz: „Il se plaisait dans l'abjection." (203) Suizidgedanken verfolgen viele Figuren, so den Vater der hartherzigen Tochter und den unverstandenen und alleingelassenen Pierre Neuhart; sie treiben die marginalisierten und verkommenen Protagonisten von *La Coalition* und *La Dernière Nuit* schließlich in den Tod.

Wenngleich Trauer und Verzweiflung praktisch im Gesamtwerk Emmanuel Boves das Sagen haben, soll in diesem Kontext doch noch einen letzten Moment lang die Aufmerksamkeit erneut auf zwei von uns immer wieder zitierte Texte gerichtet werden, die vom Autor unerbittliche Konsequenz und auch vom Leser einen gewissen Mut bei der anteilnehmenden Rezeption fordern: Eine in besonderem Maße zu Herzen gehende Verzweiflung wie die von Pierre Neuhart oder die des Vaters in *Un Père et sa fille* ist das Ergebnis einer unerwiderten und unverstandenen leidenschaftlichen Liebe, ob sie nun der Geliebten oder der Tochter gilt. Beide Male führt sie dazu, daß der Betroffene nur noch wie ein Schatten seiner selbst übrigbleibt, daß die letzte Süße aus dem Leben schwindet, die Tage sich grau und als formlose Masse dahinschleppen, schließlich, das gilt vor allem für den mehrfach enttäuschten Vater, Delirien bis an den Rand des Wahnsinns einfallen und den Alltag beherrschen.

Diese dramatischen Formen der Verzweiflung, die sich dennoch nur asymptotisch dem Tod annähern, weil sogar der Selbstmord noch eine gewisse Entschlußkraft oder mindestens eine Ahnung von der Möglichkeit der Selbstzerstörung voraussetzt (siehe *La Dernière Nuit* und *La Coalition*), sind wohl die für Bove typischsten Formen der Bitterkeit und des „désespoir". Sie könnten im Leser ‚lediglich' blankes Entsetzen hervorrufen oder ihn mit dem schalen Nachgeschmack des ewigen Einerlei permanenten Niedergangs zurücklassen, gäbe es nicht immer wieder Momente einer ganz spezifischen menschenfreundlichen Ironie (Bove zeigt, daß eine solche möglich ist), die das Magma des Jammertals aufhellen und punktuell sogar zärtlich auflösen.

comédie

Zu den Strategien, die den allgegenwärtigen Eindruck von Trauer und Verzweiflung in der Rezeption des Lesers mildern und konterkarieren, gehören die Selbstinszenierung der Figuren und die ebenso wohlwollende wie unübersehbare Demaskierung ihres armseligen kleinen Theaters durch den Autor. Als Begriff und behandeltes Phänomen durchziehen „comédie" und „théâtre" Boves Gesamtwerk. Doch sind dabei die unterschiedlichsten Aspekte zu erkennen. Sie reichen von den plakativeren Formen der Verstellung über – entlarvende – Maskeraden im Traum und komplexe Nuancierung im tiefen Inneren der Psyche bis zu ontologischer Gesamtschau.

Auf der Ebene handfesterer Täuschung gibt es die Vorspiegelung falscher Tatsachen, die aus echter oder vermeintlicher Not geschieht: Notlügen begleiten Mutter und Sohn in *La Coalition* (229f. und passim); Lügenmärchen müssen auch die Protagonisten von *Le Piège*; *Départ dans la Nuit* und *Non-lieu* ihren

Gesprächspartnern, potentiellen Denunzianten oder Verfolgern auftischen, wenn sie versuchen wollen, ihr Leben und ihre Freiheit in gefährlicher Situation zu retten (wie wir wissen, mißlingt dies völlig in *Le Piège* und lange Strecken hindurch auch in den beiden anderen Kriegsromanen); mit einem Lügengespinst, der absurden Fiktion einer kriminellen Handlung, sucht das junge Mädchen in *Une Fugue* die Aufmerksamkeit einer lieblosen Welt zu erzwingen; Lug und Trug erlaubt sich, aus welchen Gründen auch immer, der ressentimentgeladene Protagonist in *Un Homme qui savait* (85f., 112); Frauen, die ihn lieben, hintergeht „le beau-fils", sofern er sich damit der einzig geliebten und bewunderten Stiefmutter nur um ein paar Schritte annähern kann.

„Lügen in Zeiten des Krieges" (Louis Begley) weisen die letzten Romane Boves auf. Bridet in *Le Piège* hat jeden Grund, sich von allen Seiten verfolgt zu sehen und den Äußerungen seiner Umgebung nicht zu trauen:

„Rouannet, Reynier, Basson étaient de mèche. Ils allaient lui jouer la grande scène de la comédie." (76)

Verzweifelt versucht er den Eindruck zu erwecken, er, der heimliche de-Gaulle-Sympathisant, sei in Wahrheit ein Vichy-Anhänger. Doch die Maskerade gelingt nicht. Statt ihm in seiner schwierigen Lage mit aufrichtigem Mitgefühl beizustehen und seine hilflosen Rettungsversuche liebend und selbstlos zu unterstützen, konstatiert seine Frau Yolande (zusammen mit Madeleine in *Journal écrit en hiver* Prototyp der negativen, törichten Feminität bei Bove) nicht ohne kaltherzige Häme „Personne n'était dupe de ta comédie." (76) Auch in *Départ dans la Nuit* wird ständig mit dem Prinzip Verstellung gespielt. So soll der Erzähler etwa die gemeinsame Flucht durch die Vortäuschung einer plötzlichen (im Konditional, 50, beschriebenen) Erkrankung ermöglichen: ein Plan, der später verworfen wird. Fehlleistungen der Kameraden erzwingen schließlich statt dessen einen Gewaltakt, den der Protagonist – stellvertretend für die Gruppe der Gefangenen – ausführt und auf sich nimmt. Alle aus Not und Angst geborenen Komödien führen nicht zum eigentlich zu erwartenden Erfolg einer Solidarisierung unter gefährdeten Menschen, ganz im Gegenteil: Das von Anfang an herrschende Mißtrauen nimmt ständig zu und schlägt als Verunsicherung auf den handelnden Erzähler zurück (vgl. z.B. *Départ dans la Nuit*, 41, 45, 63, 73).

Es bedarf jedoch keiner besonderen historischen Anlässe, um das Bovesche Individuum zu jenen Maskeraden zu zwingen, mit denen ein Miteinander erträglich gemacht werden soll, das nun aber gerade durch derartige hilflose Bemühungen meist eher noch tiefer ins Klima des generellen Mißtrauens gerät. Charakteristisch für solche Verwirrungen sind vor allem Ehe- und Liebesgeschichten. Das *Journal écrit en hiver*, Protokoll einer von Unaufrichtigkeit strotzenden Ehe, enthält zahlreiche Passagen, in denen er oder sie sich selbst oder anderen etwas vorspielt. Der protokollführende Ehemann sieht zum Beispiel mit an, wie Madeleine

sich über einen ihrer Anbeter mokiert, ihn von oben herab behandelt und sich auf Grund dieses bescheidenen Triumphs eine umfassende Machtposition vorgaukelt:
"En maltraitant Roger, elle se figurait que toute la vie elle saurait dominer. Comme ces gens à qui les événements ou le hasard donnent une façon d'être qu'ils n'ont encore jamais eue, mais qu'ils ont désirée, elle se laissait un peu griser par ses paroles, par le rôle qu'elle s'attribuait." (66)

Dieses Spiel wird von ihrem Mann durchschaut, der zugleich als Ehemann in die unbehagliche Rolle des Zuschauers bei einer – problematischen – Verführungsszene abgedrängt wird und sich dabei seinerseits die (inexistente oder mindestens fragliche) Unverbrüchlichkeit seiner ehelichen Liebe einredet:
"Durant toute cette scène, j'étais demeuré immobile, paraissant lire. Que pouvais-je faire d'autre? Je me serais mêlé à la conversation que Madeleine eût été furieuse, que je n'aurais pu m'empêcher de me trahir. J'ai assisté en personnage muet à toute cette petite comédie, tellement j'aime Madeleine." (67)

Später kommt es dann doch zu Eifersuchtsszenen, in denen der betrogene Ehemann sich noch während seines verständlichen Wutausbruchs im Innern Absolution erteilt für den Fall, daß er sie verlassen würde, wozu er bisweilen nicht übel Lust hätte:
"Je pouvais partir en jurant que jamais je ne l'aurais fait si elle ne m'avait pas trompé. Je pouvais partir le jurant et aussi, avec de la bonne volonté, en le croyant. J'étais presque sincère." (98)

Die Spannung zwischen den Eheleuten wächst; zugleich verfestigt sich die permanente Spannung zwischen Wahrheit und Lüge, Authentizität und Verstellung, und zwar in einem solchen Maße, daß keiner von beiden mehr den Worten und Gesten des anderen trauen mag und zugleich weiß, daß auch der Partner dieses reziproke Mißtrauen empfindet und erkennt. Wie weit dabei tatsächlich noch echtes Leiden unterhalb der Inszenierungen vorhanden ist, läßt sich nicht mehr klar ausmachen, und zwar weder für den ständig mit sich selbst im Zwist liegenden Sprecher noch für die (ohnehin nur aus der Sicht des nicht unvoreingenommenen Protokollanten dargestellte) Partnerin noch schließlich für den Leser. Madeleine jedenfalls, die nach Ansicht des Ehemannes ohnehin nicht über eine wirklich nuancierte Psychologie verfügt, auch wenn sie selbst sich eine solche zuschreibt, scheint ihren Mann nur noch für einen Schauspieler seines Trennungsschmerzes zu halten: „[...]elle me dit sèchement: ‚Assez de toutes tes comédies'." (123)

In den Augen des Sprechers stellt sich die heillos verzwickte Situation so dar:
"Elle avait longuement réfléchi. Mais ce qu'elle avait trouvé dans tout ce temps c'était que moi, qui l'adorais, j'étais un comédien, que plus jamais elle ne souffrirait par mes paroles, que plus jamais elle ne se fâcherait avec moi, qu'elle

m'avait retranché du monde, que je n'étais qu'un homme sans la moindre sincérité." (123f.)

Madeleine ist in den Strategien ihrer vereinfachenden Weltsicht zweifellos durchschaut, doch auch der kluge Tagebuchschreiber scheint mit all seiner Klugheit an die Grenzen seiner Weisheit zu stoßen, wenn er in seinen Aufzeichnungen immer noch die uneingeschränkte und durch manches Vorhergehende längst widerlegte Selbstbeschreibung zu fixieren wagt: „moi, qui l'adorais".

Das Verhältnis zwischen Maurice Lesca und seiner Schwester Emily in *Un Homme qui savait* weist ähnliche Züge des permanenten Mißverstehens und der Abwertung des Protagonisten als „comédien" auf. „Encore de la comédie", meint Emily schon zu Beginn über ihren Bruder (19), eine Einschätzung, die sich im Laufe des Romans mehrfach wiederholt und es Emily offensichtlich nicht möglich macht, sich kontinuierlich für die inneren und äußeren Leiden eines Bruders zu interessieren, aus dem weder sie noch die befreundete Geschäftsfrau noch der Betroffene selbst klug wird, auch wenn dieser sich immerhin momentweise explizit selbst als Schauspieler (des Lebens) erkennt.

Denn das genau ist es, worum es Bove letztlich geht: Höhepunkte des Erzählens werden erreicht, wenn sich die Helden in ihrer Armseligkeit vor sich selbst zu täuschen suchen, wenn sie, ohne direkt unwahrhaftig zu sein, eine Rolle spielen. Diese Rollenhaftigkeit, oft von ihnen selbst als solche benannt (vgl. *Un Homme qui savait*, 112, 121, 143, 166), ist eine permanente Situation und Grenzsituation der Bove-Figuren, weil sie keinen sicheren Standort kennen, an dem sie mit Selbstverständlichkeit zuhause wären. Das ergibt oft genug den schwankenden Boden in der Außenwelt (man denke nur an die Häufigkeit und den Peripetiestatus der Orts- und Wohnungswechsel z.B. in *Mes Amis*; *Armand*; *La Coalition*; *Le Beau-fils*; *Un Soir chez Blutel*) und fast immer in der Innenwelt, wo man die eigene Komödie ebenso wie die bestimmter anderer registriert, um schließlich festzustellen, daß alle Theater spielen, daß die ganze Welt eine riesige *comédie humaine* ist, in der manche sich mit dem Prinzip *dissimulation*, Verstellung, vielleicht besser auskennen als andere, im Grunde aber jeder seine mehr oder minder geglückte Selbstinszenierung darbietet. (Ein aufschlußreiches Panorama, gleichsam einen ‚Proust light', liefert in dieser Hinsicht der Roman *Un Soir chez Blutel*, in dem Bove nach Herzenslust und nicht ohne erzählerische Beliebigkeit Viten des Selbstbetrugs zusammenfabuliert.)

Besonders charakteristisch und aufschlußreich sind die Passagen, in denen der einsame Held sich selbst auf die Schliche kommt, traurig und mitleidheischend zugleich seine *mauvaise foi* konstatiert (und vom Autor in die Aura der Komik gerückt wird). Die Koketterie des zur Schau gestellten Leidens beherrscht schon Victor Bâton, wobei wieder einmal unter der Koketterie echtes Leiden verborgen ist. Wenn er in „sanglots" ausbricht (185), merkt Bâton bald, daß er nicht mehr spontan weint, sondern sich wie ein Theaterdarsteller zum Weinen zwingt. Armand leistet sich in Gegenwart des armen Freundes Lucien die Komödie einer „délicatesse" (*Armand*, 83), deren echte Wurzeln dürftig sind; nach der Unglücksperipetie merkt er selbst, wie alles, was man jetzt noch sagen könnte, ohne „sincérité" ist. (170) Henri Duchemin beobachtet sich selbst beim Reden und stellt damit die Echtheit seiner scheinbar spontanen Äußerungen in Frage (*Henri Duchemin et ses ombres*, 11f.); in *Mémoires d'un Homme singulier* führt das Verlangen nach seelischer Entblößung zum Zwecke der Aufhebung der Einsamkeit sogar zu sexuellem Exhibitionismus, der schnell vertuscht werden soll und den Protagonisten zugleich auf die Bodenlosigkeit seiner „mauvaise foi" (diesmal direkt auch so benannt, 234) stoßen läßt.

In *La Dernière Nuit* kommen, obgleich die ‚reale' Situation alles andere als komisch ist, da sie auf den Tod zuläuft, mehrere Typen der *comédie* vor. Zunächst gehen sie schon mit der Unsicherheit des Entscheidungsaugenblicks vor dem Selbstmord einher. Arnold in seinem tristen Zimmer ist verzweifelt, aber indem ihm die Verzweiflung bewußt wird, läßt ihn der Autor auch schon wieder an ihrer Echtheit, an dem Maß ihrer Wahrhaftigkeit, zweifeln:

"Assis près de la fenêtre, dans la clarté rougeâtre qui montait de la rue, il semblait la proie d'un profond désespoir. Mais n'y avait-il pas dans cette attitude pensive quelque chose d'un peu théâtral?" (7)

Auffällig ist auch hier wieder wie so oft bei vergleichbaren Passagen die Art der Syntax, mit deren Hilfe der Zweifel angemeldet wird. Die Feststellung der möglichen Inauthentizität tendiert zur rhetorischen Frage, wobei es in diesem Falle schwierig ist, einwandfrei zu entscheiden, ob es sich um eine auktoriale Einschränkung vonseiten des übergeordneten Erzählers handelt oder um einen *style indirect libre*, der aus der seelischen Befindlichkeit der Figur spricht. Kurz darauf wird die Unsicherheit zweifelsfrei und direkt dem Bewußtsein des Protagonisten zugesprochen, da seine Gedanken in wörtlicher Rede, bezeichnenderweise wieder mit Hilfe einer Frage, wiedergegeben werden: „Il se berçait de paroles. Soudain il sourit, ‚suis-je donc aussi malheureux que je le pense?'" (8) Noch in den ‚irrealen' Delirien des Sterbenden kommen solche Augenblicke der *comédie* vor. Jetzt müssen sie nicht unbedingt der Verzweiflung benachbart sein, denn der ‚reale' Untergang wird zugleich von einer Serie halbernster Visionen begleitet, in denen sich Groteske und Entsetzen, aber auch Verheißung und Trost mischen. Als der Träumer durch die Traumstraßen flaniert, will er – als typische Bove-Figur – niemandem unangenehm auffallen. Deshalb spielt er, weil er sich und vor allem einer potentiellen – imaginären – Welt von spionierenden Zuschauern das Theater der Normalität vorgaukeln möchte, eine aus dieser spezifischen (narzißtischen, ängstlichen) *délicatesse* entsprungene Straßenszene, nämlich die „comédie" des alltäglichen und geschäftigen Unterwegsseins:

"Durant une bonne heure, il joua pour lui tout seul car personne ne l'avait suivi, la comédie de la hâte de rentrer chez soi." (42)

In der Traumsequenz, die ihn mit dem Polizeikommissar konfrontiert, färbt sich das Motiv der *comédie* geradezu im Sinne Sartres als Auseinandersetzung mit dem *esprit de sérieux*, den Sartre in seinem Theater sowie in *La Nausée* (1938); *L'Enfance d'un Chef* (in: *Le Mur*, 1939) und *Les Chemins de la Liberté* (1945-49) immer wieder anprangert. *Esprit de sérieux* ist das Durchdrungensein von der eigenen Notwendigkeit, der immer verlogene Zusammenfall von Rolle und *réalité humaine* im Bewußtsein einer Figur. Bei Bove ist es überraschenderweise nicht der Kommissar, der seine soziale Rolle zu seinem ‚Wesen' verfestigt hätte und somit als Vertreter des *esprit de sérieux* qualifiziert und abqualifiziert würde; vielmehr mokiert der Ordnungshüter sich über die Gesellschaft, die auf seine Rolle hereinzufallen, sie ernst zu nehmen scheint. Er sieht sich von seiner Kindheit her – anders als beispielsweise Lucien Fleurier in *L'Enfance d'un Chef* – gerade nicht zu dem prädestiniert, was er heute vorstellt, und scheint deshalb über das ehrerbietige Verhalten der anderen zu staunen:

"Et aujourd'hui sa femme, ses chefs, ses subordonnés voudraient qu'il se prît au sérieux ! C'est à mourir de rire." (122)

Freilich, als Sequenz im Traumdelirium enthält diese Passage sowohl, nimmt man sie ‚ernst', Elemente des Wunschdenkens des Träumers, der einen humanen Polizisten ersinnt, als auch, sieht man die Szene selbst wieder als *comédie*, Strategien gerissener Verhörtechnik, mit deren Hilfe ein Krimineller eher unvorsichtig gemacht und zum Geständnis verführt werden soll.

Die Mischung aus Authentizität und Inauthentizität wirkt in Boves Welt nicht nur demaskierend (wie es bei Sartre der Fall sein würde), sondern zugleich anrührend. Sie erregt beim Leser sowohl ein Lächeln freundlicher Ironie als auch eine von aufrichtigem Mitgefühl getragene Sympathie. Schon Victor Bâton, der Protagonist des ersten Bove-Romans, spürt dieses Gemenge widerstreitender Gefühle und weiß ihm zugleich exemplarischen Ausdruck zu verleihen. So heißt es in der Binnengeschichte *Neveu, le Marinier*, die von einem verhinderten Doppelselbstmord erzählt:

"Mon cas ressemble à celui du mendiant qui, en plein hiver, chante sur un pont, à minuit. Les passants ne donnent rien parce qu'ils trouvent cette façon de demander l'aumône un peu trop théâtrale. De même, en me voyant accoudé sur un parapet, mélancolique et désœuvré, les passants devinent que je joue la comédie. Ils ont raison. Mais, tout de même, ne pensez-vous pas que c'est une situation bien triste que celle de mendier à minuit sur un pont ou de s'accouder sur un parapet, pour intéresser le monde." (115)

Hier bezieht der Sprecher durch seine rhetorische Frage den Leser und seine anteilnehmende Wertung der Situation unmittelbar mit ein. Die Stelle ist ein eindrucksvolles Beispiel für die aus innerer Not entwickelte *comédie* marginalisierter Individuen, die ihrer Isolation entkommen möchten, indem sie mit – stummer oder unangemessen beredter – Übertreibung darauf aufmerksam machen. Die ‚Schizophrenie' solcher Augenblicke entspringt der Einsamkeit und führt im allgemeinen über psychische Verletzungen verschiedenartigster Natur wieder dorthin zurück. Sie ist als unüberhörbares „détail touchant" im Sinne dessen, was Beckett an Bove schätzte, charakteristisch für die Figuren und bestimmt in hohem Maße die Atmosphäre des Gesamtwerkes.

Fünftes Kapitel: Textualisierungsverfahren

Trotz des wiedererkennbaren Grundtons einer Melancholie, die immer wieder mit Komik gepaart ist, sind Boves Werke im einzelnen durch sehr unterschiedliche Verfahrensweisen geprägt. Diese Unterschiede bestimmen sowohl Textart und -aufbau als auch die eingesetzten Stilmittel. Naturgemäß lassen sich nicht alle Techniken auflisten, doch sollen im folgenden immerhin einige der relevanteren Unterschiede und Möglichkeiten beschrieben werden.

Erzählgattungen und Makrostrukturen

Die erzählte Welt des Emmanuel Bove konkretisiert sich in einem reichen Spektrum von Texttypen. Kleinere *instantanés* und Minidramen der Resignation, der Verunsicherung und des Zweifels, durch die man sich bisweilen sogar an Maupassant und seine Protokolle von Perzeptionsstörungen erinnert fühlt (Beispiele hierfür finden sich in *Monsieur Thorpe et autres nouvelles*), stehen neben längeren Erzählungen, die um Momente und Phasen der Desillusionierung kreisen (*Henri Duchemin et ses ombres*). Perspektivierungen aus der Sicht eines Ichs (wie in *Mes Amis* oder *Journal écrit en hiver*) wechseln mit der Erzählführung in der dritten Person (wie in *La Coalition* oder *Un Homme qui savait*). Die Grenzen zwischen Erzählung und Roman sind dabei bisweilen fließend. Ist beispielsweise *Une Fugue* eher eine lange Erzählung oder ein Kurzroman? Doch das zu entscheiden, ist letztlich ohne Belang. Weitaus ergiebiger ist die Frage nach der Diversität der Romantypen, in denen Bove das Schicksal seiner scheiternden Helden unterbringt. Schon mit dem Einstieg in seine Schriftstellerkarriere bietet der Autor strukturell Aufregendes. *Mes Amis* besteht aus einer Rahmenhandlung und fünf Binnengeschichten. Die Kohärenz wird auf den ersten Blick bereits garantiert durch die in Rahmen und Binnengeschichten identische Hauptfigur. Die Geschichtenfolge im Inneren des Romans gehört Victor Bâtons Erlebniswelt ebenso an wie das Geschehen im Rahmenteil. Doch mit dieser kohärenzstiftenden Zuordnung zu einer Person erschöpft sich der Zusammenhalt nicht. Auf einer tiefergelegenen Ebene bestehen Übereinstimmungen zum einen zwischen den einzelnen Teilen des Binnenraums, zum anderen zwischen den beiden Teilen des Rahmens und schließlich zwischen Rahmen und Binnenraum als Ganzem: In jeder der fünf Geschichten wird die Erwartung auf eine positive zwischenmenschliche

Beziehung aufgebaut und enttäuscht. Im Rahmen ist der Umschwung weniger stark markiert, die Peripetie gleichsam flacher gehalten, doch auch hier ist die Linie abfallend; die materielle und psychische Elendssituation des Anfangs wird mit dem Ende noch potenziert.

Der Roman *Armand* begnügt sich mit einer einzigen Peripetie. Diese allerdings ist von besonderem Gewicht und hebt die Welt des Protagonisten aus den Fugen. Von der Phase des Glücks führt der Umschwung in die Phase des Unglücks und damit zurück in eine dem Romangeschehen vorausgehende, von dem Betroffenen verdrängte, aber für einen Bove-Leser erwartbare Realität der Resignation und Entbehrung. *Armand* ist gleichsam lesbar als eine auf Romanlänge erweiterte Binnengeschichte radikaler Desillusionierung: mit dem Unterschied, daß der neue Held (unschuldig?) schuldig geworden ist und der kleine, aber ausgiebig dargestellte Fehler das Gleichgewicht seines Universums stört und zerstört, während Victor Bâton in *Mes Amis* eher passiv oder in tumbem grundsätzlichem Verkennen der gesellschaftlichen Spielregeln auf seine jeweilige Enttäuschung zuläuft.

Eine spektakuläre ambivalente Peripetie, Glück und Unglück zugleich, zieht in *Départ dans la Nuit* eine Vielzahl weniger einschneidender Umschwünge nach sich und gleitet so am Ende von *Non-lieu* in die – ebenfalls ambivalente – Katastrophe hinein. Ohne daß es der besonderen Dramatik eines herausragenden Ereignisses bedürfte, weil statt dessen das Gesetz der Serie herrscht, führt in *La Mort de Dinah*; *La Coalition* und *Le Piège* eine Unglücksperipetie nach der anderen geradenwegs und unvermeidlich in die irreparable Tragödie.

Eine komplexere Struktur als die beiden frühen Romane weist etwa ein Werk wie *Un Soir chez Blutel* auf. Man wird sie nicht mit der in *Mes Amis* verwechseln, wenngleich es auch hier so etwas wie einen Rahmen und eine Reihe von Binnengeschichten gibt. Der Rahmen, wenn man denn die Teile, die nicht zur Binnenstruktur (Aufenthalt bei Blutel) gehören, so nennen will, wird gestellt zum einen durch den Kontakt mit der als menschlich sympathisch gezeichneten Prostituierten, zum anderen, und das leitet direkt über zum Binnenteil, durch die Ankunft des Protagonisten bei Blutel sowie durch seinen Fortgang nach dem Ende des gesellschaftlichen Beieinanders, ergänzt durch den erneuten Kontakt mit der Prostituierten des Romanbeginns: Der Kreis schließt sich. Die Geschichten, von denen im Inneren des Romans die Rede ist, sind nur insofern mit dem Protagonisten verbunden, als er sich für diesen Abend in Gegenwart der erzählten Personen befindet. Mit seiner eigenen Erlebniswelt haben weder die Figuren noch ihre Geschichten etwas zu tun; seine und ihre Biographie berühren sich nicht. Die Erzählung ist daher für das Vorkommen und den Verlauf dieser Geschichten auf einen auktorialen Erzähler angewiesen, denn der Protagonist selbst kann nur Eindrücke wiedergeben, wie sie sich aus dem Auftreten und Verhalten der Figuren an diesem einen Abend ableiten lassen; dagegen kann er detaillierte Viten mit Daten aus dem früheren Leben nicht kennen und daher auch nicht nacherzählen. Insofern haftet diesem Roman etwas strukturell Beliebiges an, und der Bove-Freund ist froh, daß die meisten Werke seines Autors sich eine strengere Disziplin auferlegen, so interessant die kritischen Portraits dieser durchschnittlichen Bürgergesellschaft im einzelnen auch sein mögen.

Für den Eingriff einer auktorialen Erzählstimme bietet dieser Roman sicher das deutlichste Beispiel. Aber auch sonst verzichtet Bove nicht auf diese erzählerische Möglichkeit, die erst Jahre nach seinem Tod in die „ère du soupçon" (Nathalie Sarraute) rückte und vorübergehend verworfen wurde. Immer wieder verläßt Bove auch in anderen Texten die Perspektive des Protagonisten, um vergangene Welten anderer Personen aufzubauen, die der Hauptfigur nicht bekannt sein können. Derartige Perspektivewechsel sind nicht immer so beliebig wie in *Un Soir chez Blutel*; sie erweisen sich sogar als notwendig, wenn – wie beispielsweise in *La Mort de Dinah* – mehrere Viten fast gleichrangig sind und erst im Verlaufe des Werkes miteinander verknüpft werden.

Zu den häufigsten Typen von Makrostrukturen gehört der nachgelieferte Bilderbogen einer Vergangenheit, wenn die Erzählbewegung zu Beginn bereits an einem bestimmten späteren Punkt angelangt war. Diese ausführlich nachgelieferte Vorfabel erinnert an Verfahren klassischer dramatischer Texte (oder an einen filmischen *flash-back*). Dort jedoch ist die Vorfabel im allgemeinen an die Darbietung des Helden für die Ohren eines *confident* gebunden (und mit Hilfe dieser Strategie für die des Theaterpublikums bestimmt) und selbstverständlich gebührend knapp gehalten. Derartige Beschränkungen erkennt Bove für seine Vorgehensweise nicht an. *Un Père et sa Fille* beispielsweise beginnt in der Phase des Protagonistenverfalls, um nach einer weit ausholenden Vergangenheitsgeschichte, die zugleich die Erklärung für den Verfall liefert, wieder den anfänglich markierten Zeitpunkt des Niedergangs einzuholen und schließlich durch ein noch schlimmeres Ende zu überbieten.

Es gibt auch Romane, die einer natürlichen Chronologie folgen und eine Ahnungslosigkeit vortäuschen, die das Ende lange offen hält. Als besonders überzeugendes Beispiel ist hier das fiktive Tagebuch zu erwähnen. *Journal écrit en hiver* folgt dem Verlauf einer – tristen – Saison, um die Geschichte einer Ehe und ihres Zerfalls so zu erzählen, als wisse der Protokollant nicht von Anfang an, was der Ausgang des Ganzen sein werde. Doch auch in den chronologisch voranschreitenden Erzählgattungen gibt es immer wieder – zum Teil sehr ausführliche – Rückgriffe auf frühere Phasen im Leben der Figuren. Sie dienen dazu, als *mise en abyme* oder, seltener, Kontrapunkt den Niedergang der zentralen Gestalten zu bestätigen. (Beispiele dafür finden sich etwa in *La Coalition*, aber auch sogar im Tagebuchroman *Journal écrit en hiver*.) Der Unterschied zwischen Erzählungen in der ersten und in der dritten Person ist dabei weniger markant, als vielleicht anzunehmen wäre, zumal Bove für die dritte Person häufig einen subjektiv eingefärben *style indirect libre* benutzt.

Der zentralen Thematik des Niedergangs ist oft das (Dostojewski-)Motiv des imaginären oder faktischen Schuldigwerdens beigesellt, so (imaginär) in *Crime d'une nuit*; *La Dernière Nuit*; *Une Fugue*, faktisch, aber im Hinblick auf die Motivlage völlig unklar, in *Un Homme qui savait*. Im letztgenannten Roman ist konsequenterweise das Ende offen. Bis zu einem gewissen Grad trifft dieses Phänomen des offenen Endes auch zu für *Le Beau-fils*, in dem kein direkt kriminelles Verhalten, wohl aber viele Momente moralischen Versagens im Leben des Stiefsohnes vorkommen.

Und schließlich finden sich auch echte Kriminalromane im Gesamtwerk Boves, der unter dem Pseudonym Pierre Dugast eine Zeitlang im Verlag Emil-Paul-Frères, in dem auch wichtige Titel seines übrigen Werkes verlegt wurden, die Reihe *Le roman policier moderne* betreute. *La Toque de Breitschwanz* und *Le Meurtre de Suzy Pommier* gehören zu dieser Kategorie. Auf *Le Meurtre de Suzy Pommier* (1933) sei hier kurz eingegangen. Der Roman spielt auf zwei Ebenen, in zwei Welten. Nicht zufällig lautet der Titel des Films, in dem die von Suzy Pommier dargestellte Figur als Mordopfer in der Badewanne endet, *Les deux Mondes*. Das – relativ glamouröse – Universum des Filmgeschäfts wird der schäbigen Alltagswelt gegenübergestellt, in der sich die Ermordung, die Suzy Pommier im Film lediglich gespielt hatte, in der ‚Realität' an ihr wiederholt: Der beschriebene Film im Text fungiert als *mise en abyme* der gesamten Romanhandlung. Das Unheil in der ‚Realität' erklärt sich aus Suzys Wissen um die verbrecherische politische Vergangenheit eines gewissen Monsieur Escamp, den sie auf Drängen ihres einerseits ahnungslosen, andererseits geldgierigen Vaters durch die filmische Darstellung gleichsam erpreßt und zum Verbrechen in der außerfilmischen Wirklichkeit nötigt. Die Konfrontation der beiden Welten gipfelt in der wechselseitigen Duchdringung, die zur Katastrophe führt und nicht nur Suzy, sondern schließlich auch ihren armseligen Vater und den entlarvten alten und neuen Täter in den Tod treibt. Der Kriminalroman *Le Meurtre de Suzy Pommier*, dem beim Erscheinen Spannung bescheinigt wird, beeindruckt jedoch in Wahrheit weniger durch seine Ermittlungsstrategien mit den nacheinander präsentierten und entlasteten Verdächtigen als vielmehr durch seine (natürlich an Shakespeares *Hamlet*, aber ein wenig auch an Pirandello erinnernde) komplexe, mit dem Prinzip der Spiegelbildlichkeit operierende Makrostruktur, durch die Boves Roman sich von der üblichen Kriminalliteratur unterscheidet. Andererseits sorgt diese allzu evidente Künstlichkeit der Gesamtkomposition auch dafür, daß die Figuren und ihre Welten dem Leser nicht wirklich unter die Haut gehen. Mit *Le Meurtre de Suzy Pommier* beweist der (bei Erstveröffentlichung des Kriminalromans bezeichnenderweise unter dem Pseudonym Pierre Dugast firmierende) Autor technische Souveränität: Ein Meisterwerk fügt er dem typischen Universum Emmanuel Boves nicht hinzu.

Aus dem Meer des generellen Scheiterns seiner Figuren und seines gesamten Universums ragt *L'Impossible Amour* als ein kleines Kap der Hoffnung auf. Zwar müssen die Liebenden eine Fülle von Prüfungen bestehen (was einen Roman mit zahlreichen Peripetien ergibt) und scheinen schließlich durch eine mehr oder minder erzwungene Heirat der Frau mit einem ungeliebten Mann für immer getrennt zu bleiben, doch werden am Schluß alle Mißverständnisse aufgeklärt. Allem Anschein zum Trotz gibt es keine verbotene – inzestuöse – Liebe zwischen den Liebenden, keinen „impossible amour", und die schäbige Mutter-Sohn-Beziehung erweist sich zum Glück als Lug und Trug, denn in Wahrheit handelt es sich bei der abstoßenden Frauenfigur, die wieder einmal Boves Misogynie bestätigen könnte, nicht um die leibliche Mutter des Protagonisten. Nach der Entschleierung des Geheimnisses seiner – vornehmen – Herkunft kann es der Geliebte, der als freier Künstler eher suspekt schien, gesellschaftlich mit jedem Rivalen aufnehmen und daher beruhigt in eine offene, aber kalkulierbare Zukunft blicken, die ihn mit der geliebten Frau verbinden dürfte.

Obwohl es in diesem Roman Passagen gibt, die an den vertrauten Bove und seine *délicatesse* erinnern, durchzieht, freundlich gesprochen, das Ganze zu sehr der bedenkliche Geruch des *drame bourgeois* mit der *invraisemblance* seiner Ausgangslage und dem erlösenden *deus ex machina* am Schluß. Bezeichnenderweise erschien der Roman 1935 in Fortsetzungen als Zeitungsfeuilleton. Der Klappentext der Buchausgabe von 1994, der natürlich als positive Werbung gedacht ist, läßt trotzdem in seiner Zusammenfassung bereits spüren, daß es sich hier literarisch eher um einen Ausrutscher handelt, dem man angesichts der Qualität des Gesamtwerkes keine größere Beachtung schenken sollte: „Ce récit émaillé de rebondissements tragiques ou désopilants, associe la concision du style d'Emmanuel Bove aux libertés réjouissantes du ‚roman populaire'."

Insgesamt gilt: ‚Theater', Selbstinszenierung, Traum, Imagination, Erinnerungen, Retrospektiven durchziehen bei Emmanuel Bove die Abfolge anrührender realistischer Untergangsdeskriptionen und rücken die ‚Wirklichkeit' immer wieder in die Aura geheimnisvoller Unbestimmtheit, zumal nicht immer eindeutig auszumachen ist, was Realität, was Irrealität ist (besonders eindrucksvolles Beispiel für diesen Schwebezustand: *La Dernière Nuit*).

Stilmittel

Die realistische Beschreibung charakteristischer Mikro-Ausschnitte der dargestellten Welt macht bereits auf den ersten Blick die Stärke des Bove-Werkes aus. Die Deskriptionen sind oft knapp und immer präzise. Sie betreffen sowohl Straßen und Örtlichkeiten im Wechsel von Tages- und Jahreszeiten als auch Physiognomien und Gebärden, Wahrnehmungen und Empfindungen. Sie sind stets treffsicher und oft gleichzeitig anrührend (erinnert sei noch einmal an Becketts lobende Wertung von Boves Sinn für „le détail touchant"). Früh schon hat man die mit größter Genauigkeit einhergehende scheinbare Naivität der Bove-Sprache verglichen mit der durch Überkorrektheit ins Geheimnisvolle gleitende Malerei des Douanier Rousseau.

Zahlreiche Belege für diesen Typus von realistischen Beschreibungssequenzen, der das Gesamtwerk in üppiger Fülle durchzieht, finden sich schon am Beginn von *Mes Amis*. Die Szene des Aufwachens präsentiert sowohl Körperlichkeit und Kleidung des Protagonisten als auch den Zustand des Zimmers:
"En baissant la tête, je sens que ma barbe a poussé: elle pique mon cou." (13) "Les habits, qui pèsent sur mes mollets, sont plats, tièdes d'un côté seulement. Les lacets de mes souliers n'ont plus de ferrets." (14) "Dès qu'il pleut, la chambre est froide. [...] L'eau, qui glisse sur toute la largeur des carreaux, ronge le mastic et forme une flaque, par terre. Lorsque le soleil, tout seul dans le ciel, flamboie, il projette sa lumière dorée au milieu de la pièce. Alors, les mouches tracent sur le plancher mille lignes droites." (14)

Als er das armselige Zimmer verlassen muß, weil die Hausbewohner ihn, den Müßiggänger, argwöhnisch beäugen, stellt Victor Bâton mit Bitterkeit fest: „C'est fini. Le soleil ne me dira plus l'heure sur le mur." (208)

Ein Gegengewicht zu den realistischen Beschreibungen bilden die zahlreichen Konditionalpassagen der Sehnsucht oder der Befürchtungen. Auch dafür bietet *Mes Amis* ein ebenso ausführliches wie programmatisches Beispiel. Wie die meisten der mittellosen Figuren Boves wünscht sich auch Bâton, er wäre reich, weil er sich dann elegant kleiden und eine schöne Geliebte haben würde (im Unterschied zu den tristen Zufallspartnerinnen der Binnengeschichten), um mit ihr wunderbare Tage und Nächte zu erleben. Die Imaginationen beginnen mit dem symptomatischen Ausruf: „Ah! comme je voudrais être riche!" (30) Eine halbe Seite lang wird anschließend, sehr präzise, aber stets im Konditional, das wundersam veränderte Äußere des Wunschträumers beschrieben, der alle Elemente seines neuen Aufzugs dem Prinzip selbstverständlicher Eleganz unterordnet:

"Ma bracelet-montre m'obligerait à faire un geste élégant pour regarder l'heure. Je mettrais mes mains dans les poches de la veste, les pouces en dehors, et non pas, comme les nouveaux riches, aux entournures du gilet." (30)

Die drei nachfolgenden Seiten sind dem imaginären, detailliert ausgeschmückten Tagesablauf mit der Geliebten gewidmet:
"Nous irions, elle et moi, prendre l'apéritif à la terrasse du plus grand café de Paris." (30) "Au théâtre, nous occuperions une loge." (31) "Le matin, nous irions au Bois, en taxi." (32) "Je recevrais ma maîtresse dans une garçonnière au rez-de-chaussée d'une maison neuve." (32) "Ensuite, ce serait l'amour." (33)

Ähnliche Passagen der unrealisierbaren Sehnsucht finden sich im Gesamtwerk immer wieder. In *La Coalition* kommt Nicolas Aftalion angesichts der Besorgnis eines liebenden Vaters um seinen behinderten Sohn das ganze Ausmaß seiner eigenen tristen und verlorenen Existenz erneut deutlich zum Bewußtsein. Seine Gefühle sind gemischt. Einerseits wäre er in diesem Augenblick, beeindruckt von dem positiven Beispiel, dem er soeben beigewohnt hat, bereit, anderen Zukurzgekommenen zu helfen, wenn er gerade jetzt auf sie träfe. Andererseits, und das ist die dominante Stimmung, leidet er nun noch schmerzlicher an seiner desolaten Lage, als es ohnehin vorher schon der Fall war, wünscht sich weit fort und in ein Leben, in dem man frei und ohne Beklemmung atmen könnte:
"Il aurait voulu secouer le monde qui l'enserrait, partir le plus loin possible et vivre ainsi que tous les hommes." (122)

Und, immer wiederkehrendes Bove-Motiv, um leben zu können wie andere, moralisch und materiell, müßte man reich sein:
"Si j'étais riche, je serais un autre homme. Je serais généreux, je ferais le bien. Les gens qui m'entoureraient seraient heureux." (*La Coalition*, 122)

(Daß hier auch – in der Situation des Protagonisten durchaus verständliche – *mauvaise foi*: Abwälzungung der Eigenverantwortung auf die Umstände, mitschwingt, sei nur am Rande erwähnt.) In diesem Roman werden die Sehnsuchtsbilder bisweilen so übermächtig, daß sie ausnahmsweise sogar auf das Konditional verzichten und sich fast eine Seite lang (in einem als solcher kaum mehr erkennbaren *style indirect libre*) als Realität präsentieren. Es handelt sich um die vorgestellte intime Begegnung mit der jungen Simone, die Nicolas Aftalion in Wahrheit bisher nur flüchtig kennengelernt hat:
"Déjà il s'imaginait qu'il se rendait chez Simone, qu'il la serrait contre lui, qu'il l'embrassait et la dévêtait. Personne ne les dérangeait. [...] Elle se défendait un peu. C'était lentement qu'il la dévêtait. Finalement Simone se glissait dans le lit." (175)

Im allgemeinen jedoch ist es das Konditional, das zuständig bleibt für Sequenzen der nicht (oder nicht mehr) realisierbaren Sehnsüchte. Bisweilen erscheint es nach dem Liebesverlust als Ausdruck des ungestillten Verlangens und der Trauer, so in *Armand* (195f.); *L'Amour de Pierre Neuhart* (170f.); *Un Père et sa Fille* (206). Auch in den *Mémoires d'un Homme singulier* gibt es mehrfach Konditionalpassagen, in denen sich Jean-Marie Thély nach Normalität, Liebe oder mindestens ein wenig zwischenmenschlichem Kontakt sehnt. So rührt es ihn, daß sein Hotelnachbar, ein Österreicher, zu ihm sagt: „Passez, je vous prie, monsieur." (14) Diese Formel ist zwar nichts weiter als ein Ausdruck üblicher Höflichkeit, doch in dem vereinsamten Thély weckt sie das Verlangen nach Kommunikation. So stellt er sich vor, wie er an die benachbarte Tür klopfen und freundlich aufgenommen werden würde:

"J'aurais frappé discrètement. [...] Il aurait ouvert. J'aurais donné un prétexte enfantin. Des allumettes. Je me serais excusé, on aurait parlé, et la sympathie serait née." (14f.)

Doch selbst aus diesen bescheidenen Träumereien ruft der Protagonist sich schnell wieder zur Ordnung, weiß er doch, daß er nur unangenehm, als seltsam nämlich, auffallen würde, und genau das will er ja nicht, erwartet er doch vom Leben lediglich dies:

"C'est une place parmi les hommes, une place à moi, une place qu'ils reconnaîtraient comme mienne sans l'envier puisqu'elle n'aurait rien d'enviable. Elle ne se distinguerait pas de celles qu'ils occupent. Elle serait tout simplement respectable." (26)

Der dreiteilige Roman *Mémoires d'un Homme singulier* macht Teil I (*Richard Dechatellux*) und Teil III (*Aujourd'hui*) zum den Ist-Stand darstellenden Rahmen, in den als zweiter Teil ein umfangreicher autobiographischer Rückblick eingebettet wird (*Ma Vie*). Diese für Bove, wie wir bereits wissen, nicht untypische Makrostruktur wird im Falle des vorliegenden Textes in geradezu extremer Form genutzt, umfaßt doch der Rückblick im mittleren Kapitel mehr als hundert Seiten, womit die beiden anderen Teile (in denen freilich auch schon für den Ist-Stand relevante Retrospektiven vorkommen) an Gewicht deutlich übertroffen werden. In *Ma Vie* gibt es Passagen der Liebessehnsucht, in denen der Protagonist sich einsamen Frauen (witzigerweise besonders Klavierlehrerinnen) zu nähern sucht: „Comme j'aurais voulu aimer et être aimé d'une de ces innombrables femmes privées, disait-on, d'amour!" (90) Auch hier bringt er sich schnell wieder zur Vernunft und entledigt sich des Konditionals der Wunschträume: „Laissons ces enfantillages." (91) An anderer Stelle würde er gern seiner geliebten Denise Dechatellux, deren Familie über die Verbindung ihrer Tochter und Schwester mit dem jungen Mann unklarer Herkunft nicht gerade entzückt ist, eine bessere oder mindestens originellere Vergangenheit bieten können:

"Cette histoire d'enfant abandonné, de jeunesse malheureuse, me lassait. Comme j'aurais voulu qu'elle ne fût pas la mienne! Comme j'aurais été fier d'un autre passé, même pire!" (122)

Erst im dritten Teil, in der Bekanntschaft mit Solange, bricht sich seine Sehnsucht nach „égalité" Bahn, und anfangs scheint es fast, als ließe sie sich diesmal befriedigen; aber schon beginnt er wieder in gewohnter Manier, die begonnene potentiell glückliche Beziehung als nicht normal oder zu normal zu problematisieren, in die Aura des drohenden Vorüber und der bloßstellenden Auffälligkeit zu rücken:

"Comme je désirerais autre chose! Comme je désirerais que la soirée qui approche fût aussi belle que la matinée; qu'il n'y eût pas de verres à liqueur sur la table, pas de fumée dans la petite salle! Comme je désirerais qu'on se montrât moins discret, que Solange n'eût pas le sang à la tête!" (252)

Das Konditional möchte dem Hier und Jetzt grundsätzlich entfliehen. Alles an der Gegenwart schafft dem Ich-Erzähler Beklemmung, alles, selbst das (denkbare) Glück, wird schnell zur Last, zum Unbehagen erregenden Ritual, zum Klima der Fremdheit, zu dem, was Sartre als „nausée" bezeichnen und nicht charakterologisch, sondern ontologisch verorten würde, wie es eigentlich auch bei Bove, wenngleich ganz offensichtlich weniger systematisch, der Fall ist. *Mémoires d'un Homme singulier*, dieser prophetische Roman, an dessen Ende die Vorahnung eines außerordentlichen Ereignisses steht, wurde im Juni 1939 geschrieben und – unverständlich genug – erst 1987, im Zuge der allgemeinen Renaissance des Autors, veröffentlicht.

Konditionalpassagen der Angst oder der Unsicherheit sind in der Trilogie zu den dunklen vierziger Jahren nicht selten zu finden. In *Le Piège* befürchtet Bridet ständig (und wie sich am Schluß zeigen wird, wahrhaftig nicht ohne Grund), daß ihn die verschiedenen Schritte, die er zu seiner ‚Rechtfertigung' gegenüber den undurchsichtigen Manövern durch die Vichy-Überwachung unternimmt, vielleicht gerade nicht auf den Weg der Entlastung führen könnten, sondern ins Verderben:

"Et le plus pénible était qu'il fallait avoir l'air de jouer la comédie de la conscience tranquille, de ne pas se trahir, de paraître se réjouir de ces quelques jours d'attente comme de vacances." (27)

Und schon sollen ausgerechnet Konditionalsätze der Hilflosigkeit, die im *style indirect libre* – richtig oder falsch – die Zukunft vorwegnehmen, den vermeintlich eingebildeten Befürchtungen zu Leibe rücken und ihn in die – de facto höchst verzwickte – Realität zurückführen:

"Non, ce serait vraiment trop enfantin, au moment où il allait réussir, de s'abandonner à des craintes imaginaires. Il n'arriverait jamais à rien. D'ailleurs, bientôt il n'aurait plus d'argent." (27)

Der Roman *Départ dans la nuit* (mit dem leicht doppeldeutigen Titel, natürlich „Aufbruch in der Nacht", aber auch „in die Nacht hinein") ist ein dichtes Gewebe aus Vorstellungen und Befürchtungen im Zusammenhang mit individuellen psychischen Bewegungen in einer Gruppe (Kriegsgefangener), die abwechselnd Solidarisierung und Abschottung nahelegt. Vor dem Ausbruch aus der Gefangenschaft wird aus dem Konditional der erträumten Lageverbesserung bisweilen sogar das *imparfait* der Gleichzeitigkeit zur realen Situation, die sich als deutlich konturierte Vorwegnahme der Möglichkeiten präsentiert (wie es auch in früheren Romanen gelegentlich der Fall war):

"Tout était possible. Et cela me donnait du courage. Je me voyais transporté dans une ville. La vie changeait immédiatement. Je parlais à des gens d'intelligence plus large qui n'attachaient aucune importance au fait que j'étais prisonnier de guerre. Je réussissais à gagner des sympathies. Finalement, aidé par des gens qui auraient dû être des ennemis, je parvenais à gagner la France. Et sur cette vision heureuse, je m'endormais." (21f.)

Das Aufwachen ist ernüchternd. Der realistische Blick auf die Gruppe der Schicksalsgenossen läßt an ihnen keine glückliche Zukunftsverheißung erkennen. Wieso sollte das Schicksal eine solche dann ausgerechnet dem Ich reservieren? Der Protagonist, hoffend und bangend, lebt so in einem permanenten Wechselbad der Empfindungen, Vorstellungen, Befürchtungen, Planungen und Planungsverwerfungen.

Eine ähnliche Szene der konturierten Vorwegnahme einer zukünftigen – äußerst bedrängenden – Möglichkeit, die sich nicht mehr mit dem Konditional begnügt, findet sich auch im Roman *Non-lieu*, dessen wieder doppeldeutiger Titel zunächst konkret den gerichtlichen Freispruch bedeutet, zugleich aber auch die Heimatlosigkeit des Untergetauchten indizieren kann (absurderweise berücksichtigt der Titel der deutschen Übersetzung nur diesen metaphorischen Aspekt). In dieser Szene ist freilich das Imaginierte gänzlich negativ eingefärbt. Der Erzähler hat Unterschlupf bei einer alten Dame gefunden, der die gefährliche neue politische Realität nicht mehr richtig zum Bewußtsein kommt und die daher den Verfolgten in aller Arglosigkeit aufnimmt. Dieser selbst aber findet keine Ruhe und erzählt sich im inneren Selbstgespräch von einem vorweggenommenen zukünftigen Fixpunkt aus die befürchteten Möglichkeiten als abgelaufene Ereignisse, die gleichsam zur heroischen Legende geronnen sind:

"Je me voyais parfois transporté dans l'avenir, devenir un promeneur du dimanche visitant ma chambre comme on visite un musée. Il y avait beaucoup de monde. C'était là que j'avais été arrêté. Un gardien expliquait comment les choses s'étaient passées. J'avais essayé de sauter par la fenêtre. On m'avait rattrapé à temps. Une bagarre avait suivi. [...] Les visiteurs regardaient avec intérêt les débris de faïence, les meubles et les glaces cassés, car le désordre avait été respecté avec le même soin que la disposition du cabinet de travail d'un grand homme." (213)

Natürlich gibt es auch in diesem Roman immer wieder Passagen, in denen das Konditional – insbesonders der Befürchtungen – Regie führt. Sind die Beziehungen, die der Vater zu bestimmten Prominenten unterhält, tatsächlich hilfreich? Werden sie den Status des Sohnes nicht vielleicht sogar eher wieder ins Suspekte und Bedrohte umkehren? (263f.) Und hätte man nicht selbst noch in der Gefängniszelle, anstatt außer sich zu geraten, ein anderes, gesitteteres Verhalten an den Tat legen sollen? Im Konditional II sucht sich zu korrigieren, was in Wahrheit nicht mehr rückgängig zu machen ist (und als vertane Möglichkeit im übrigen de facto wohl auch ebenso sinnlos gewesen wäre wie die nun in Frage gestellte Vergangenheit):

"J'aurais toujours dû rester un monsieur correct, demander comme une faveur des adoucissements, considérer la perte de ma liberté non pas comme la considère un sauvage ou un animal, mais comme une chose abstraite, par laquelle il fallait passer évidemment, mais qui n'avait aucune réalité. [...] En me conduisant ainsi, la police eût regardé à deux fois avant d'agir contre moi, tandis que dans l'état où j'étais à présent, elle ne se gênerait pas." (300)

Da der „non-lieu" juristisch eher auf tönernen Füßen steht, umkreist die nervös-ängstliche Imagination des Betroffenen die potentielle Wankelmütigkeit des einflußreichen Monsieur Messein, den der Vater eingeschaltet hat und der den Sohn bisher erfolgreich zu protegieren vermochte:

"'Pourquoi me suis-je lancé dans cette histoire? penserait Messein, je ne les connais pas, après tout, etc.' Il essayerait cependant d'arranger les choses, sans trop s'engager. Il parlerait de moi! Car ce n'est pas la même chose que de rendre un service qui est directement en notre pouvoir et de demander à d'autres de le rendre." (319)

Der Schlußsatz des vorstehenden Zitats arbeitet bereits mit einem weiteren Stilelement, das schon von Anfang an für Boves Sprachduktus charakteristisch war und sich in den beiden letzten Romanen verstärkt und profiliert. Immer schon neigten die Bove-Figuren dazu, ihren Einsichten eine generelle Gestalt zu verleihen, sie gleichsam wie Aphorismen aussehen zu lassen (was anfangs meist nicht ohne Komik einherging). Als verstärkte das Eingreifen des öffentlichen Unglücks in die individuelle Situation den epistemologischen Durchblick und die moralistische Formulierungskunst des Sprechers, nimmt nun die Zahl der – fast durchweg mit negativer Ausschließlichkeit auftretenden („rien n'est pire que...") – mehr oder minder universell gültig gemeinten Betrachtungen signifikant zu:

"Rien n'est plus pénible que de se retrouver ainsi entre Français, si loin de son pays et pourtant si étrangers les uns aux autres." (*Départ dans la nuit*, 32)

"Quand on souffre, les sentiments les plus bas émergent de notre cœur." (a.a.O., 52)

"Au fond, même quand la vie est en jeu, on finit par se lasser de prendre des précautions." (*Non-lieu*, 178)

"Rien n'est pire que d'être attaché à une femme dans les grandes circonstances de la vie." (a.a.O., 201)

"Rien n'est plus pénible que les malheurs qui nous arrivent par des intermédiaires." (a.a.O., 205)
"Rien n'est plus inquiétant que ces interventions faites en notre faveur et à notre insu par des parents ou des amis." (a.a.O., 205)
"Rien de plus pénible que de voir que notre avenir, notre santé, notre vie même dépendent d'une somme d'argent, d'une certaine façon de vivre que d'autres possèdent sans que cela soit nécessaire pour eux, sans en connaître le prix, alors que pour nous ce n'est pas une question de vanité, mais d'existence." (a.a.O., 207)
"Rien n'est plus terrible que d'être entre les mains de gens qui ne font qu'obéir." (a.a.O., 227)

Bei Durchsicht der ‚Aphorismen' wird schnell ersichtlich, daß viele der bekannten Bove-Motive (Fremdheit, Mißtrauen, Misogynie, Marginalisation, existenzbedrohender Mangel) hier ins Allgemeine transponiert werden. Die an letzter Stelle zitierte Einsicht freilich geht darüber hinaus. Sie kritisiert bereits deutlich die Helfershelfer aller Diktaturen: den Mangel an charakterlicher Autonomie und individuellem Mut. Insofern verrät sie stärker als andere die Entstehung einer generellen (und absolut richtigen) Erkenntnis aus den spezifischen Bedingungen einer Epoche.

Schließlich sei noch verwiesen auf eine Passage in *Non-lieu*, in der sich der Protagonist drei selbst gefundene „remarques" (177) einprägt, die ihm für sein zukünftiges Verhalten als Richtschnur dienen sollen. Er entwirft gleichsam einen kleinen *Discours de la méthode* (à la Descartes) über die Art und Weise, wie man in schwieriger Situation mit sich und anderen umgehen sollte, welche Punkte (Regeln) besondere Beachtung verdienen. Die zweite und die dritte „remarque" seien hier angeführt, weil sie – noch einmal – ein bezeichnendes Licht auf das pessimistische und doch immer noch um Haltung ringende moralische Weltbild des typischen Bove-Protagonisten werfen:

"La deuxième, c'est que notre intérêt, même quand il ne nuit pas à celui d'autrui, éveille de la mauvaise volonté. La troisième, enfin, c'est qu'il est difficile, quand on court des dangers, de conserver une certaine noblesse." (177)

Kann man die generellen Aussagen, wie sie Bove von seinen Bedrängten, Verfolgten und Beladenen formulieren läßt, auch unmittelbar der Weltsicht des Schriftstellers zuschlagen? Man weiß selbstverständlich, daß in einem fiktionalen Text zwischen Autor, Erzähler und Figur zu unterscheiden ist. Man weiß aber auch, wie brüchig die Trennwände zwischen den Kategorien werden, je mehr sich bestimmte Grundtendenzen abzeichnen, verfestigen und wiederholen. Diese Grenzdurchlässigkeit gilt ganz besonders dann, wenn die Romane in der ersten Person geschrieben sind. Sicher, Bove bleibt auch als ‚Moralist' immer in erster Linie Erzähler. Sofern er sich den Anschein gibt, wie ein La Rochefoucauld oder ein La Bruyère aufzutreten, tut er das meist nicht ohne leise Ironie, die mit den Figuren und dem textimmanenten Erzähler immer noch ihr souveränes Spiel treibt. Dennoch fällt auf, wie sehr alle Universalismen geprägt sind von einem übergreifenden existentiellen Schmerz, in dem der schreibende Schöpfer seinen geschriebenen Geschöpfen aufs engste verbunden zu sein scheint. Man kann sich des Eindrucks nicht erwehren, das schreibende Ich nehme selbst da, wo es lächelt, zutiefst Anteil an den durch Enttäuschungen gewonnenen Erkenntnissen des geschriebenen Ich (oder der beschriebenen Figur), weil es sie selbst auf gleiche oder ähnliche Weise erfahren und gewonnen hat.

Schluß: Paradoxe Tröstungen

Kann, darf, soll eine *comédie humaine* des Scheiterns Trost vermitteln? Nach der Lektüre des Bove-Werkes wird man eine solche Frage gelassen als bloß rhetorisch einstufen. Im Verhältnis zur Lebenswirklichkeit ist Literatur Mimesis und Abweichung, *écart*, zugleich. Insofern funktioniert ihre tröstliche Wirkung gänzlich anders als das persönliche (auch psychoanalytische) Gespräch (oder gar das Gebet des Gläubigen). Die mimetischen Elemente, die Halbverdecktes ins Bewußtsein heben, garantieren den Wiedererkennungseffekt und berühren vertraut; die Abweichungen, die immer sowohl inhaltlicher (weil seligierender und strukturierender) als auch sprachlicher Natur sind, eröffnen neben den vertrauten Pfaden Horizonte der Freiheit. Diese Freiheit muß keineswegs positiv konnotiert sein; sie kann durchaus auch befremden, erschrecken, ängstigen. Die Paradoxie derartiger Verbindungen ist für authentische Literatur geradezu charakteristisch, und sie charakterisiert gerade Emmanuel Boves Werk in besonderem Maße.

In Boves besten Romanen und Erzählungen neigt sich das Schicksal der Figuren stets dem Abgrund zu, und trotzdem geht der engagierte Leser aus dem Lektüreakt nicht depressiv verstimmt, sondern ermutigt hervor. Das ist nicht nur eine Frage der Empathie mit den erzählten *personnages*, wie er, der Leser, sie (bestenfalls) auch realen Figuren der Lebenswirklichkeit entgegenbringen könnte. Vielmehr empfindet der Bove-Leser oberhalb der düsteren und chaotischen Abwärtsbewegung eine ordnende Hand, in der grundsätzliche Wege des Scheiterns, wie sie immer auch dem empfindsamen Leser drohen, übersichtlich und verdichtet erscheinen. Diese Verdichtung ist zunächst der wichtigste literarische *écart*, die generelle Möglichkeit der Freiheit, gegeben durch die Kraft der Erzählersprache, durch die vor allem sich Bove übrigens von seinen Figuren, die trotz eines massiven gegenteiligen Trends in der Literatur des 20. Jahrhunderts selbst keine Schriftsteller sind, unterscheidet. Innerhalb der verdichteten Abwärtsbewegung leuchten zudem bei Emmanuel Bove immer wieder Momente der Sehnsucht auf, die den negativen Aspekt der Inhaltswelt konterkarieren und an den unverbesserlichen Romantiker in jedem authentischen Leser appellieren, ohne dabei in Sentimentalität abzugleiten: werden doch die Imaginationen fast nie umgesetzt, verbleiben doch die Wünsche und Träume grundsätzlich im Status des Irrealis. Dieses für Bove typische paradoxe Miteinander von Haben und Nicht-Haben enthält einen größeren philosophischen Realismus, als ihn affirmative Literatur (der wie auch immer gearteten Lebensfeier) jemals zu transportieren vermöchte.

In diesem Realismus der Brüche und der Brüchigkeit fühlt sich aufgehoben und verstanden, wer selbst daran und an der Welt leidet oder gar einsam verzweifeln möchte.

Boves Erzählen reißt aus dieser Verzweiflung heraus, indem es sie ernst nimmt und zugleich immer wieder in die Aura behutsam relativierender Komik rückt. Es ist beispielsweise die Komik der Selbstinszenierung verlorener Einzelgänger, die Komik ersehnter, unangepaßter und daher immer auch beschämend enttäuschender Kommunikationsstrukturen, die Komik der zugleich naiven, als solche lächelnd ausgestellten und doch im Kern ernstgenommenen Sinnsprüche, von denen sich der Leser niemals überfordert, vielleicht auch niemals ganz überzeugt, aber doch nicht ohne Brüderlichkeit bei der Hand genommen fühlt. Freilich: Es bedarf des besonders erfahrenen Lesers, um Geschichten definitiver Ausweglosigkeit wie *La Mort de Dinah*; *Un Père et sa Fille*; *La Coalition*; *Le Piège* noch Tröstliches abzugewinnen, und der Umweg über die tiefe Erschütterung ist in solchen Fällen unvermeidlich.

Ein Wort schließlich noch zu Emmanuel Bove selbst. Sein Leben, wie Raymond Cousse und Jean-Luc Bitton ausführlich erläutern, von ständiger finanzieller Not überschattet, unter der Okkupation antisemitischer Verfolgung ausgesetzt, schließlich zu früh durch Mangel und Krankheit beendet, war sicher nicht einfach und bot ausreichend Rohmaterial für ein Universum des Scheiterns. Undelikate Angehörige suchten Boves natürliche Generosität lebenslang auszunutzen und verstärkten so noch auf inadäquate Weise die ihm eigene Schreibbesessenheit. Doch stünde es der Nachwelt gut an, gegenüber dem bescheidenen privaten Universum dieses besonders diskreten und zurückhaltenden Menschen ihrerseits Diskretion walten zu lassen und die Vita nicht in den Vordergrund zu rücken, geben doch sogar die Biographen nach akribischer Recherche ihrem Buch *Emmanuel Bove* den bezeichnenden Untertitel *la Vie comme une ombre* (1994).

Wohl aber möchte man noch einmal das Schicksal des Autors Bove ins Auge fassen. Zu Lebzeiten von vielen gelesen, von wichtigen Zeitgenossen bewundert (auch bisweilen natürlich von horrendem Unverständnis eingeholt, so durch den Abbé Bethléem, der Bove stilistische Fehler und „tous les excès slaves" vorwirft), geriet der Schriftsteller Emmanuel Bove nach seinem Tod auf geradezu skandalöse Weise in Vergessenheit, vor allem wohl deswegen, weil sein Werk nicht mit den herrschenden ideologischen Tendenzen der Epoche im Einklang stand. Die Empfehlung des großen Samuel Beckett zur Wiederentdeckung kam insofern wie ein notwendiger Zufall daher: wahrhaft ein tröstliches Paradox am Anfang einer fulminanten Renaissance, die sich nicht nur in Frankreich ereignete, sondern z.B., u.a. durch Peter Handkes besonders verdienstvolles Engagement, auch auf den deutschen Sprachraum übergriff und ihren Niederschlag schließlich in aller Welt in einer Fülle von Übersetzungen fand.

Bei Durchsicht des zum gegenwärtigen Zeitpunkt insgesamt (noch) verfügbaren Angebots an Bove-Texten und einschlägiger Sekundärliteratur gewinnt man allerdings den Eindruck – und muß befürchten –, daß auf den überraschenden Kult schon wieder ein ebenso überraschendes, ein zweites Vergessen zu folgen droht. Es würde die Autorin dieser Studie freuen, wenn sie annehmen dürfte, sie habe dazu beitragen können, eine neue Ungerechtigkeit gegenüber einem großen modernen und zeitlosen Erzähler abzuwenden.

Literaturhinweise

1. Emmanuel Bove

Die Werke von Emmanuel Bove wurden in unserer Untersuchung nach den im folgenden aufgeführten Neuauflagen zitiert. In eckigen Klammern gibt das Werkverzeichnis das Jahr der Erstveröffentlichung bzw. der Entstehung eines Textes an.

Mes Amis [1924], Paris (Flammarion) 1977
Armand [1926], Paris (Flammarion) 1977
Henri Duchemin et ses ombres [1928], Paris (Flammarion) 1983
Un Soir chez Blutel [1927], suivi de *Un Père et sa fille* [1928], de *Une fugue* [1928], de *Bécon-les-Bruyères* [1927], Paris (Flammarion) 1984
Journal écrit en hiver [1930], Paris (Flammarion) 1983
La Coalition [1927], suivie de *Un Raskolnikoff* [1932], Paris (Flammarion) 1986
L'Amour de Pierre Neuhart [1928], Paris (Le Castor Astral) 1986
Aftalion, Alexandre [1928], Paris (Le Dilettante) 1999
Cœurs et Visages [1928], Paris (Le Serpent à Plumes) 2002
La Mort de Dinah [1928], Paris (Le Dilettante) 1992
Monsieur Thorpe et autres nouvelles [1930], Paris (Le Castor Astral) 1988 et 2003
Un Célibataire [1932], Paris (Calmann-Lévy) 1987
La Dernière Nuit [1933/1939], Paris (Le Castor Astral) 1987
Le Meurtre de Suzy Pommier [1933], Paris (EST) 1987
Le Beau-fils [1934], Nantes (Le Passeur-Cecofop) 2000
Le Pressentiment [1935], Paris (Le Castor Astral) 1991
L'Impossible amour [1936], Paris (Le Castor Astral) 1994
Un Caractère de femme [1936], Paris (Flammarion) 1999
Mémoires d'un homme singulier [1939], Paris (Calmann-Lévy) 1987
Un Homme qui savait [1942], Paris (La Table Ronde) 1985
Le Piège [1945], Paris (La Table Ronde) 1986
Départ dans la nuit [1945], suivi de *Non-lieu* [1946], Paris (La Table Ronde) 1988

2. Sekundärliteratur

Les Annales politiques et littéraires (dir. P. Brisson) 2309, Paris 1928

Abbé Louis Bethléem, *Romans à lire et romans à proscrire; essai de classification au point de vue moral des principaux romans et romanciers (1500-1932), avec notes et indications pratiques*, Paris 1932

Jean-Luc Bitton et Raymond Cousse (avec Jean-Yves Reuzeau), *Emmanuel Bove, la vie comme une ombre*, Paris 1994

Brigitta Coenen-Mennemeier, „Die erzählte Stadt bei Patrick Modiano und Emmanuel Bove. Zur referentiellen und poetischen Funktion von Parismythologie". *Lendemains* 47 (1987) 105-119

—, „Triste Flanerien bei Emmanuel Bove". In: dies., *Der schwache Held. Heroismuskritik in der französischen Erzählliteratur des 19. und 20. Jahrhunderts*, Frankfurt a.M. etc. 1999, 211-230

—, „Emmanuel Bove und die Existenz im Fadenkreuz". In: dies., *Abenteuer Existenz*, Frankfurt a.M. etc. 2001, 124-135

Georges B. Dorlian, *Emmanuel Bove, romancier. Analyse des structures narratives* (Diss.), Université de Lyon III 1981

Emmanuel Bove, dossier, revue *Roman 20-50* (31) 2001

Emmanuel Bove, dossier réuni par Marie-Thérèse Eychart, revue *Europe* (895-896) 2003

Ch. Estel, *Emmanuel Bove: Découvertes et redécouvertes d'un grand écrivain du XXe siècle* (Diss.), Université de Paris X, Nanterre 1992

Thomas Laux, *Kompensation und Theatralik. Eine Studie zu Emmanuel Boves frühen Romanen (1924-1928)*, Frankfurt a.M. etc. 1989

Lire Bove, dossier réuni par Sophie Coste et Dominique Carlat, Lyon 2003

David Nahmias, *Emmanuel Bove, Carnet d'une fugue*, Paris 1998

François Ouellet, *D'un dieu l'autre. L'Altérité subjective d'Emmanuel Bove*, Paris 1998

M. Séropian, *Constantes psychologiques du monde romanesque d'Emmanuel Bove*, Université de Louvain 1963

Gilles Vidal, préface de Jean-Yves Reuzeau, *Tombeau d'Emmanuel Bove*, Paris 1993

Harald Wieser, „Ich sehe, also bin ich – allein", *Der Spiegel*, 36. Jg., Nr. 50, vom 19. 12. 1982, 172-180